Manfred Rauchensteiner

Glücklich leben

Manfred Rauchensteiner

glücklich

Dein Herz weiß mehr als dein Verstand

leben

GOLDEGG
VERLAG

Der Goldegg Verlag achtet bei seinen Büchern und Magazinen auf nachhaltiges Produzieren. Goldegg Bücher sind umweltfreundlich produziert und orientieren sich in Materialien, Herstellungsorten, Arbeitsbedingungen und Produktionsformen an den Bedürfnissen von Gesellschaft und Umwelt.

ISBN Print: 978-3-902903-58-7
ISBN E-Book: 978-3-902903-59-4

© 2013 Goldegg Verlag GmbH
Friedrichstraße 191 • D-10117 Berlin
Telefon: +49 800 505 43 76-0

Goldegg Verlag GmbH, Österreich
Mommsengasse 4/2 • A-1040 Wien
Telefon: +43 1 505 43 76-0

E-Mail: office@goldegg-verlag.com
www.goldegg-verlag.com

Layout, Satz und Herstellung: Goldegg Verlag GmbH, Wien
Druck und Bindung: CPI books GmbH, Leck

Denkst du noch, oder lebst du schon?

Geleitwort

Glück und das Glücklichsein waren das Fachgebiet meines verstorbenen Mannes Dr. Herbert Laszlo, der mit vielen Menschen Glückskontakte hatte. Auf diese Weise lernten wir auch Dich, einen tätigen Menschen aus Oberösterreich zu den IFEG-Symposien nach Spillern und Wien kommend, kennen.

Mein Mann prägte den Ausdruck Optimalbelastung und erforschte den Zusammenhang von Glück und Stress. Unsere Tochter Sonia führt die familiäre Glückstradition fort und beschäftigt sich besonders mit dem Stress und den oft überzogenen Erwartungen auf der Suche nach dem Glück in unserer Zeit.

Im Wissen um die Bedeutung des Glücklichseins, worum das Denken des IFEG-Schriftführers kreiste, warst Du ein Partner in der Verbreitung der Suche nach besseren Bedingungen für die Momente des Glücks.

Ich freue mich, dass Du in Deinem Buch das Sorgenmachen als große „Umweltbelastung" klassifizierst und enttarnst, dass Selbstliebe und Vertrauen zu den elementarsten Gütern dieses Lebens gehören und der Mensch sich entscheiden kann, ein glückliches, erfülltes Leben zu führen – mit Leichtigkeit.

Der Goldegg Verlag gibt glücksauslösenden Büchern eine große Chance, viele Menschen zu erreichen, wie unlängst auch unserer Tochter Sonia mit „Fuck Happiness".

Ich wünsche Dir, lieber Manfred, viel Erfolg mit diesem Buch und auf deinem Lebensweg. Mögen viele Menschen den Mut haben, sich für diese Erkenntnisse zu öffnen.

Mag. Christiane Laszlo

IFEG Institut für Europäische Glücksforschung
Wien, im Juni 2013

Vorwort

Dieses Buch soll Menschen einladen aufzuwachen. Aufwachen aus einer Art Tiefschlaf, der sie unbewusst durchs Leben führt.

Mein Ziel: Menschen wieder glücksbewusster machen, Selbstliebe und Dankbarkeit stärken, an unsere unbegrenzte Schöpferkraft erinnern, alte Denkmuster und Glaubenssätze aufzeigen und Wege zur Veränderung anbieten.

Möge das Leben gelingen! Damit meine ich, dass wir ein Leben führen können, für das wir alle Möglichkeiten so ausgestalten, dass es unseren Vorstellungen am ehesten entspricht. Nicht im Kopf, sondern wie unser Herz es begehrt und anstrebt. Ob es tatsächlich gelingt, wissen wir nicht – wir können kein gelungenes Leben produzieren, doch wir können den Raum dafür schaffen. Durch unser Denken, unser Sprechen und unser Tun. Ein achtsames, bewusstes Leben – im Hier und Jetzt.

Manfred Rauchensteiner

Inhaltsverzeichnis

WAS NOCH ZU BESPRECHEN
WÄRE ...
JETZT LIEGT ES AN DIR!

E s ist erstaunlich! Scheinbar haben Sie gerade in Ihrem Leben nichts „Besseres" zu tun, als in diesem Augenblick dieses Buch zu lesen. Das freut mich sehr. Das Leben hat Sie in diesem Moment an diesen Ort geführt, damit Sie jetzt bewusst etwas für Ihr Leben tun, um etwas zu erfahren. Sie sind neugierig, was in diesem Buch geschrieben steht, und vor allem darauf, was es mit Ihnen macht. Sie werden überprüfen, ob das, was Sie hier lesen, mit Ihrem Leben übereinstimmt, ob es Verbesserungsmöglichkeiten gibt oder Ansätze, von denen Sie sich vorstellen können, dass sie Ihr Leben verbessern bzw. verändern könnte.

Damit Sie möglichst viel aus den hier dargestellten Informationen für sich herausholen können, rate ich Ihnen, sich zu öffnen. Zu öffnen für Neues oder Unerwartetes, zu öffnen dafür, dass zumindest ein Kapitel Sie bereichern wird. Achtsam dafür sein, dass es einen Sinn hat, dass Sie sich die Zeit für dieses Buch nehmen. Mit dieser Grundhaltung kann Wunderbares mit Ihnen geschehen.

Vielleicht wird Ihnen manchmal danach zumute sein, dieses Buch einfach zuzuklappen, weil meine Worte in krassem Widerspruch zu dem stehen, was Sie über das Leben gelehrt wurden. Doch Bücher, die nur das bestätigen, was Sie ohnedies schon wissen, bringen Sie nicht weiter. Ich will Sie ermutigen, sich auf dieses Buch einzulassen, hinzufühlen, was es mit Ihnen macht. Vielleicht fühlen Sie ab und zu eine Art Erinnerung. Eine Erinnerung an etwas, was Sie zutiefst in Ihrem Herzen bereits wissen ... Ich danke jetzt schon für jede Minute, die Sie diesem Buch widmen, es ist Zeit, die Sie sich selbst schenken.

Es gab Überlegungen beim Beginn der Arbeiten zu diesem Buch, ob ich Sie per SIE oder per DU ansprechen sollte. Mein Gefühl sagte mir, es soll per DU sein. Einige Diskussionen und Abwägungen, verstandesmäßige, fanden statt. Und ich möchte Ihnen auch gerne mitteilen, aus welchem Grund ich das unbedingt haben wollte. Ich bin der Auffassung, dass das DU etwas sehr Verbindendes hat. Die Menschen, mit denen man sich sehr verbunden fühlt, redet man in unserem Lebensraum mit DU an. Ich möchte mich mit DIR verbunden fühlen, und es wäre toll, wenn DU das auch möchtest! In meinem Leben habe ich vor langer Zeit entschieden, dass es mir viel lieber ist, Leute per DU anzureden, egal, wen und was und wie alt sie sind. Ein weiteres ausschlaggebendes Argument für mich ist, dass wir mit uns selbst ja auch per DU sind. Also mein Verstand kommuniziert mit mir sehr leger, oft auch ausgesprochen hart. In diesem Buch geht es sehr viel und oft darum, was der Verstand uns mitteilt. Es ist eine Sprache, die wir verstehen und die in höchstem Maße persönlich ist. Da dieses Buch von mir und Ihnen handelt, möchte ich Ihnen jetzt hier offiziell das DU-Wort anbieten und hoffe, Sie fühlen sich nicht vor den Kopf gestoßen. Da ich ja jetzt nicht in der Realität persönlich bei Ihnen vor Ort anwesend bin, könnten Sie jetzt so tun, als ob ich ein guter Freund von Ihnen wäre, der sich mit Ihnen unterhält, Ihnen etwas erzählt. In Liebe und Freundschaft!

Wir sind jetzt also per DU!

Je mehr du dich dafür öffnest, dass in diesem Buch wirklich interessante Geschichten auf dich warten, desto besser wird es dir beim Lesen ergehen. Wenn du jetzt zum Beispiel mit solchen Gedanken hier sitzt: *„Das fängt ja schon gut an! Wieso schreibt der hier so etwas? Dieses Buch wird mir auch nicht weiterhelfen"*, wird etwas Eigenartiges passieren ... Du wirst am Ende recht haben!

Denn deine ganze Aufmerksamkeit während des Lesens wird darauf gebündelt sein, dass du recht behältst. Du wirst nur das in Erinnerung behalten, was dir genau diese Einstellung bestätigt. Egal, was du liest!

Wenn du mir jetzt schon ein wenig vertrauen kannst, lies dieses Buch sehr bewusst. Damit meine ich: Mach dir klar, *wozu* du dieses Buch überhaupt lesen willst. Damit es dich unterhält? Als Ansporn, dass du in deinem Leben eventuell etwas veränderst? Vielleicht ist es ein Helfer oder Unterstützer, vielleicht sogar das Beste, was du je gelesen hast ... Vielleicht kannst du es schon fühlen, dass dich das Leben, rein aus dem Verstand, der sogenannten Vernunft, heraus gelebt, nicht wirklich erfüllend glücklich gemacht hat. Was bedeuten würde, dass dein Verstand auch oft irren kann. Er ist ein hervorragender Begleiter in vielen Belangen, aber was dich wirklich glücklich macht, davon hat er keine Ahnung. Dein Herz jedoch weiß das!

Im Vorhinein brauchst du dir nichts zu erwarten, denn Erwartungen sind lediglich Einschränkungen von Möglichkeiten. Je offener du für „Interessantes und Spannendes" bist, desto mehr davon kann sich erfüllen. Ich freue mich sehr auf unsere gemeinsame Zeit!

Ein wunderbarer Satz zum Weiterlesen wäre also: *„Ich bin jetzt schon echt gespannt, was es hier zu lesen gibt – und darauf, was es mit mir machen wird!"* Diese Neugier wird dich ermutigen weiterzulesen.

Und nun wünsche ich dir viel Spaß dabei und einige

Erkenntnisse, die dich bereichern! Je bewusster du liest, desto höher ist deine Belohnung. Mach dir klar, dass du nun Zeit mit dir verbringst, dich dir selbst widmest, du bereit bist, Gedanken und Gefühle zu beobachten, die mit dem Geschriebenen ausgelöst werden, du dich jetzt viel besser kennenlernen wirst. Eine echt spannende Sache also ...

Übrigens: Falls du beim Lesen das Gefühl hast, dass sich manches in verschiedenen Kapiteln wiederholt, so ist das durchaus beabsichtigt. So lernt dein Unterbewusstsein schneller und leichter, denn alles, was du so richtig gut kannst in deinem Leben, hast du immer und immer wieder gemacht.

Fast hätte ich es vergessen: Ich verzichte hier sehr bewusst auf Gender-Schreibweise! Denn wir wollen ja in Zukunft ein leichteres Leben haben und nicht noch jede Menge Knöpfe dazu bedienen. Also lieber Leser und liebe LeserInnen oder auch Leser/innen, liebe/r Partner und -Innen ... das möchte ich euch ersparen.

Und nun viel Freude!

„GLÜCKLICH LEBEN"

Eine seltsame Überschrift für manche. „Was meint er damit?" Ich will das gerne vorweg erklären. „Glücklich leben" ist für mich der Begriff dafür, möglichst wach und klar dieses Leben zu erfahren, nämlich dort, wo es stattfindet, dort, wo du mit deinem Körper anwesend bist, was du da wahrnimmst und was es mit dir macht. Das Leben, als permanent schöpfendes und erschaffendes Wesen, will Antworten von uns auf die ständigen Fragen: „Was tust du jetzt?", „Was denkst du jetzt?", „Wie geht es dir jetzt?", „Und warum glaubst du, ist das so?", „Wer willst du jetzt sein?".

Unser Leben ist bunt und abwechslungsreich auf eine unglaubliche Art und Weise. Vieles dieser Vielfalt ist uns abhandengekommen, da wir gelernt haben, zu schubladisieren, zu verallgemeinern, zu trennen. Durch unser soziales Umfeld haben wir sehr bald gelernt, wie zum Beispiel „die Deutschen", „die Politiker", „die Lehrer", „die Monteure", „die guten Menschen" ... sind. Dieser Akt des Generalisierens ist in manchen Bereichen sehr nützlich, entspricht jedoch ganz selten der Wahrheit. Jeder Mensch ist in seinem Aussehen, Verhalten und Empfinden absolut einzigartig und individuell. Und es gibt immer gute Gründe dafür, warum ein Mensch, der mit dir in Kontakt tritt, jetzt gerade so ist, wie er eben ist.

Wir sind kaum mehr offen für die Wahrheit, dass jeder Tag ein ganz besonderer, noch niemals dagewesener, nie wieder kommender Tag ist. Alle Erlebnisse passieren auf eine vollkommen neue Art. Es gibt keinen „normalen Montag", auch wenn dir das dein Verstand erzählt. Ebenso wenig gibt es den „Alltag", den viele so sehr fürchten. „Ein Tag wie jeder andere!" – glaubst du das? Bei vielen Menschen sieht das so aus: Sie wachen auf, gehen ins Bad, fahren zur Arbeit, gehen einkaufen, unterhalten sich ein wenig und gehen schlafen. Am nächsten Tag stehen sie auf, gehen ins Bad ... und gehen schlafen. Aufstehen, arbeiten, ein wenig Vergnügen, schlafen. Das Wochenende sieht vielleicht ein bisschen anders aus, unter Umständen gibt es dazwischen einen kleinen Urlaub, aber circa 300 Tage im Jahr laufen quasi gleich ab. Die größte Vorfreude dabei ist es, einmal die Pension zu erreichen, wobei sich viele heute nicht einmal mehr darauf freuen, weil sie ja nicht wissen, ob sie diese erreichen und dann auch eine Pension erhalten, von der sie weiterhin leben können. Ist das auch dein Leben? ... Das war nicht immer so!

In meiner Praxis und meiner Arbeit erlebe ich immer viele Menschen, denen es genauso geht – du bist also nicht allein! Ich würde sogar behaupten, dass fast alle – noch – so herumlaufen. Ich nenne es gerne „im Nebel stehen". Keine klare Sichtweise haben, meist dadurch bedingt, weil sie den Kopf fast immer nach unten hängen haben. So laufen sie dann auch durch die Gegend. Beschrieben wird dieser Umstand so, dass sie das Gefühl haben, eingeschränkt zu sein. Die Personen, denen es materiell richtig gut geht, behaupten dann, sie leben in einem goldenen „Käfig", der ihre scheinbare Einschränkung beschreibt.

Es gibt sehr viele Menschen in unserem Breitengrad, die sich immer wieder Oasen des Glücks schaffen. In dieser jedoch sehr eingeschränkten Zeit schaffen sie es ganz gut, klarzukommen oder sich endlich zu entspannen – nur, was dann? Für manche ist es die Urlaubszeit, andere kommen dem Glück näher, indem sie meditieren oder Yogaübungen praktizieren, andere wiederum auf Partys oder im Stadion. Wenn jedoch diese Beschäftigungen vorbei sind, fallen sie sehr oft in ein Gefühl der Unzufriedenheit oder bekommen Stress, erleben die restliche Zeit als unfreie Zeit und haben Sehnsucht danach, bald wieder dorthin zu gelangen, wo es ihnen so gut ergangen ist. Das ist durchaus legal und auch „normal". Natürlich kann ich drei Stunden meditieren und gut für mich sorgen, doch wenn ich dann das überfüllte Kinderzimmer sehe, reagiere ich total heftig und raste aus.

Das Leben macht keine Pause! Wir vergessen meist, dass das Leben ständig stattfindet, also immer und überall. Auch Arbeitszeit ist Lebenszeit, bei vielen Menschen sogar ein ganz großer Teil. Arbeitszeit wird von vielen Menschen als unfreie Zeit empfunden, etwas ganz Schreckliches. Radiomoderatoren unterstützen diesen Glauben mit Sätzen wie: „Nur noch drei Tage bis zum Wochenende – dann hast du es geschafft!" Es gibt keine Verweise darauf, dass du entscheiden kannst, in welcher Stimmung du deine Arbeit verrichten willst. Ich möchte mit diesem Buch erreichen, dass du wach wirst, dich öffnest für dieses wunderbare Leben, dass du deine unermessliche Schöpferkraft wieder in Anspruch nimmst. Dass du dich erinnerst, wer oder was du wirklich bist, warum du hier auf dieser Welt bist und ich möchte dir aufzeigen, wie die meisten Menschen mit diesem Leben umgehen. Es ist also ein Buch über dich und mich.

Wodurch entsteht Glück?

Nun, wie Glück entsteht, ist sehr vielfältig und unterschiedlich, wie du sicherlich schon festgestellt hast. Eine sehr individuelle Sache also. Es kann durch tolle Erlebnisse entstehen, durch etwas, was mir viel Freude bereitet, aber auch durch Trennungen, Jobverlust, Betrogenwerden, Krankheit und vieles mehr.

Und schon ist der Widerstand wieder da, wenn du das liest, richtig? Trennungen, Jobverlust, Betrug, Krankheiten und ähnlich widrige Dinge sollen Glück entstehen lassen? Na, vielleicht nicht unmittelbar, aber mit ein wenig Abstand betrachtet, behaupte ich, sind viele Menschen sogar nach Schicksalsschlägen glücklicher geworden, als sie es je in ihrem Leben waren. Erst unlängst war ein mittlerweile guter Freund bei mir und erzählte seine Geschichte: „Kannst du dich noch erinnern, wie ich völlig fertig bei dir war, als mir fristlos gekündigt wurde, total aus dem Nichts? Jetzt sind drei Monate vergangen, und ich habe einen Job angeboten bekommen, der mir und meinem Leben viel mehr entspricht. Ich bekomme sogar einen Dienstwagen und verdiene mehr als vorher! Aus jetziger Sicht ein absoluter Segen! Damals war ich wütend auf meinen Chef, den ich sowieso nicht leiden konnte, heute könnte ich ihn dafür umarmen, dass er mich gefeuert hat!" *Ja*, das kann auch dir passieren, nur für den Fall, dass dir dein Verstand gerade erklärt, dass *dir* so etwas nicht passieren würde!

Der Glücksboom, der derzeit sichtbar ist, macht vielen Menschen großen Stress. Noch dazu, wenn sie immer wieder gesagt bekommen, dass jeder Mensch seines Glückes Schmied ist. Natürlich stimmt das in gewisser Weise. Ab einem gewissen Alter, wenn du aus der Überlebensabhängigkeit deiner Eltern trittst, kannst du wirklich schmieden. Je unterschiedlicher die Menschen sind, mit denen du dich umgibst, desto mehr Wahlmöglichkeiten hast du. Je mehr du mit ihnen kommunizierst, desto besser kannst du dich entscheiden, wer und wie du sein willst. Aber müssen und sollen wir immer glücklich sein? Viele Menschen machen sich damit immer noch Stress. Ich habe dieses Ziel nicht mehr, und ich hoffe, du auch nicht. *Möglichst oft* glücklich sein, schon eher. Aber noch mehr ist mein Ziel mittlerweile, bewusst und wach durch das Leben zu gehen. Eben mitten im Leben zu sein, mit allen Gefühlen, mich selbst zu mögen und zu achten. Je mehr mir das bei mir selbst gelingt, umso mehr kann ich es auch auf alle Menschen anwenden. Klar, ich bin einzigartig, aber auch alle Menschen sind einzigartig. Jeder eben auf seine ganz spezielle Weise. Und dennoch ist das, was uns alle verbindet, viel mehr und viel größer als das, was uns trennt. Jeder trennende Gedanke hinterlässt Schmerz. Wenn ich über die eine Nachbarin denke, dass sie lieb ist, und über die andere, dass sie unmöglich ist, wird diese andere Nachbarin bei mir immer Schmerz auslösen, wenn ich ihr begegne. Je mehr ich mir bewusst machen kann, dass alle Menschen, mit denen ich zu tun habe, im Endeffekt glücklich und zufrieden durchs Leben laufen wollen, desto mehr wird mir klar, dass wir alle dieses gemeinsame Ziel haben. Ein zufriedenes Gefühl entsteht dadurch, dass ich mich nicht unterfordert und auch nicht überfordert fühle, sondern in einer mir angenehmen Art beansprucht werde. Und im Prinzip tut jeder Mensch immer gerade das, wovon er denkt, dass es ihm dabei hilft, dieses Ziel zu erreichen. Egal, was er tut! Jede Handlung ist bei Menschen darauf angelegt, dass sie ihre gerade aktuellen Ziele erreichen.

Ich weiß, dieser Gedankengang fühlt sich wieder komisch an und der Verstand wird wieder lauter. Aber überleg mal: Jemand, der zum Beispiel durch lautes Rumschreien einen anderen dazu bringen will, dass dieser ordentlicher wird, macht es doch nur, damit es ihm selbst nachher besser geht – nämlich, wenn die gewünschte Ordnung da ist. Ohne die Vorstellung, dass sich irgendein besseres Gefühl bei mir einstellt, wenn ich eine Handlung setze, könnten wir diesem Impuls nicht nachgeben, er würde uns nicht ins Tun bringen. Eine sehr wichtige Erkenntnis, wie ich meine. Dabei gehen wir oft unbewusst arg mit uns selbst um, stellen vieles in den Hintergrund, nur um dieses oft unbewusste Ziel zu erreichen. Genugtuung oder Gerechtigkeit sind zum Beispiel solche Motivatoren, die uns absolut unbedacht handeln lassen. Viele Menschen kämpfen und streiten oft jahrelang, auch vor Gericht, wegen ein paar Euros, eines Hauses, in dem sie nur unglücklich waren, eines alten Wagenrades und vielem mehr, ohne jede Rücksichtnahme auf ihren Körper. Viele schlaflose Nächte, angstvolle Stunden vor Gericht, oft finanzielle Überlastungen, die weit höher als der Gewinn sind, ärgerlichste Diskussionen, die Verschwendung von unglaublich viel Energie und Zeit sind die Folge. Dies ist keine Verurteilung dieses Verhaltens, jeder darf tun, was er will, ich möchte es nur beschreiben.

Die Hauptfrage, die uns also interessieren sollte, lautet: „Wie kann ich bestmöglich das erreichen, was ich wirklich will?" – ein angenehmes Gefühl!

Mittlerweile habe ich mit Tausenden Menschen gearbeitet und immer gefragt: *Was macht dich glücklich? Was genau ist es?"* Die Antworten waren vielfältig: „Meine Kinder", „Guter Sex", „Wenn Dortmund gegen die Bayern gewinnt", „Wenn Bayern gegen Dortmund gewinnt", „Wenn mein Kuchen gelingt", „Wenn meine Tochter unversehrt aus dem Urlaub zurückkommt", „Wenn mein Junge die Prüfung geschafft hat ..."

Eine Hauptantwort war GESUNDHEIT. Eine andere GELD. Dann kamen meist Dinge wie Urlaub, Beziehung, Freunde, ein eigenes Haus, ein tolles Auto, Schokolade ... Du kannst hier alles einsetzen, von dem du denkst, dass es dich glücklich macht, wenn es da wäre. Aber machen all diese Dinge wirklich glücklich? Ich kenne viele Menschen, die gesund sind, aber nicht glücklich. Viele, die reich sind, ein Haus haben, Schokolade essen, eine Beziehung haben, aber nicht glücklich sind.

Bei weiterem, immer wieder hartnäckigem Nachfragen stellte sich heraus, dass das, was übrig blieb, was eigentlich glücklich machte, immer „ein gutes GEFÜHL" war. Wenn ich die Probanden zum Beispiel fragte:

„WOZU möchtest du ein großes Haus mit Garten?"

Dann kamen Antworten wie: „Dann hätte ich mein eigenes Zimmer!"

„WOZU möchtest du denn ein eigenes Zimmer?"

„Damit ich dort ungestört tun kann, was ich will!"

„WOZU möchtest du ungestört sein?"

„Weil es mir ein gutes Gefühl macht!"

WOZU-Fragen finde ich einfach genial. Denn dieses Fragewort zielt eindeutig darauf hin, welchen Nutzen ich aus etwas ziehe. WARUM-Fragen dagegen verlangen meist eine Rechtfertigung, was schon wieder meist ein Unbehagen auslöst. Stelle dir immer wieder WOZU-Fragen, denn sie führen dich zu dem, was du wirklich willst!

Noch ein Beispiel?

„Wozu willst du viel mehr Geld?"

„Damit ich mir etwas leisten kann. Urlaub, Essen gehen …"

„Wozu willst du Urlaub?"

„Da kann ich entspannen und neue Dinge erleben."

„Wozu willst du neue Dinge erleben?"

„Ich könnte mir ein tolles Auto kaufen und durch Spanien reisen."

„Wozu willst du ein tolles Auto haben und nach Spanien reisen?"

… Oft dauert es etwas länger, du kannst damit spielen, so lange du willst. Am Ende kommt immer ein Satz, der so ähnlich lautet wie diese:

„Weil es sich so gut anfühlt!"

„Weil mir die Vorstellung, dass es, wenn dies in meinem Leben passiert, mir ein gutes Gefühl macht!"

Ohne diese *Vorstellung* davon, wie es *wäre, wenn du das bekommst, was du dir wünschst,* würdest du nichts von all diesen Dingen wollen!

Du malst dir bei deinen Wünschen natürlich nur den Idealzustand aus. Nicht die Materie selbst macht dich glücklich. Dich macht nicht der neue Mercedes selbst glücklich, sondern das *Gefühl* der Freiheit, der Entspanntheit, der Zufriedenheit, das du mit dem Besitz des Wagens verknüpfst. Nicht der Urlaub selbst macht dich happy, sondern die *Gefühle,* die du dir erwartest: Sorglosigkeit, Entspannung, schöne Stunden mit dem Liebsten. Das alles ist nur deine positive Vorstellung von der Zukunft. Vielleicht hast du Ähnliches erlebt und glaubst zu wissen, was dich erwartet.

Denn würdest du dir vorstellen, dass du im Urlaub ausgeraubt und niedergeschlagen wirst, würdest du den Urlaub wahrscheinlich nicht wollen. Würdest du dir vorstellen, dass du mit dem neuen Auto nur Probleme haben und von allen Menschen angefeindet wirst, würdest du es noch haben wollen? Würdest du wissen, dass dich die neue Liebe in ein paar Monaten betrügen wird oder dir dein Haus und deine Kinder wegnehmen wird ... würdest du sie noch wollen?

Unser Denken, unsere Vorstellungen, und vor allem das, was wir glauben oder bereits einmal als positiv erlebt haben, beeinflusst unser Tun und vor allem unsere momentane Gefühlswelt.

Bitte öffne dich für diesen Gedanken, bevor du dieses Buch weiterliest: *„Dein Verstand hat von der Zukunft keine Ahnung!"* Er hat eine Vorstellung, aber keine Ahnung! Auch wenn er immer so tut, als würde er es wissen!

Was dein Verstand
wirklich weiss

Um es gleich vorwegzunehmen: Dein Verstand weiß nur altes Zeug! Er weiß nur das, was du schon erlebt hast, gehört hast, geglaubt hast, gelernt hast. Er ist eine riesige Datenbank wie ein Computer. Da ist nichts darin, was du nicht hineingegeben hast. Dafür findet sich dort aber wirklich alles, was du jemals hineingegeben hast! Und da unser Verstand extrem gerne plaudert, erzählt er dir immer wieder und wieder alte Geschichten. Er erzählt dir sogar ständig Geschichten, während du diese Zeilen liest! „Was meint der nur?", „Das ist mir schon klar", „Was will er damit bezwecken?", „Du sollst auf die Toilette", „Kaffee wäre jetzt prima!" Und so weiter ... Ständig quasselt er dich voll! Sogar in der Früh, wenn du munter wirst – zack, ist er da! Er erzählt dir sofort, nachdem du die Augen geöffnet hast, eine Geschichte: „Heute ist Montag. Das Wetter ist mies. Du willst noch nicht aufstehen. Du musst heute ins Büro. Du hast eine anstrengende Konferenz heute. Die Kinder gehören geweckt. Du musst ins Bad. Es ist schon spät! ..." Es gibt kaum Momente, in denen er nicht quasselt!

Dies festzustellen ist eine wichtige Sache. Mach dir einmal richtig bewusst, dass es da etwas gibt in dir, das ständig mit dir spricht! Einen Teil von dir, der dies permanent tut. Egal, wo du bist, egal, was du machst. Und höre diesen Geschichten einmal richtig bewusst und aufmerksam zu. Du wirst staunen, was da alles kommt. Aber versuche dabei in dem Gefühl zu bleiben: „Es ist nur eine Geschichte!" Ich nenne es immer meine „Ich-beobachte-jetzt-meinen-Verstand-Übung".

Allein mir bewusstzumachen, dass ich meinen Verstand beobachten kann, erklärt nämlich eindeutig, dass ich nicht mein Verstand *bin*! Er ist ein Teil von mir – ja, ein durchaus großer, auch wichtiger, oft sehr hilfreicher, aber ebenso ein sehr nerviger, lästiger Teil. Je nachdem. Jedenfalls sind wir so fantastisch gebaut, dass wir unseren Verstand bewusst beobachten können, ja wir können sogar unseren Körper in gewisser Weise beobachten (auch ohne Spiegel). Du kannst dir sicherlich vorstellen, wie du dich gerade schräg von vorne, leicht rechts oben, beobachten kannst. Du machst das toll! Cool, oder? Das, was du also wirklich bist, ist ein Beobachter. Du bist auch ein Schöpfer und Entscheider – ein zutiefst, permanent schöpfendes Wesen! Das bist du – aber dazu später noch mehr.

Bleib einmal in der Rolle des Beobachters deines Verstandes. Am besten gelingt dies den meisten Menschen anfangs, wenn sie sich in Ruhe in einen Sessel setzen. Kein Radio, kein Buch, kein Handy … nur du in einem Sessel, allein (Tür zu). Wenn du zum Beispiel Kinder hast und dir dein Verstand schon wieder sagt „Wann soll ich das machen? Das geht doch nicht!", kann ich dich ermutigen: Wenn du es wirklich *willst*, kannst du das – es muss ja nicht jetzt gleich sein! Du kannst warten, bis die Kinder schlafen, oder ihnen auch sagen, dass du jetzt zehn Minuten ungestört sein willst, dann kommst du gleich wieder. Du wirst einen Weg finden, ich weiß das, wenn du es wirklich willst! Denn in Wirklichkeit bist du der Chef und nicht dein Verstand! Es sei denn, du bist dir dieser Chefposition nicht bewusst, dann übernimmt er sie sehr gerne für dich. Das tut er übrigens immer, wenn du dir nicht bewusst bist, dass du der Chef bist!

Wie wichtig sind dir deine Beurteilungen?

Die meisten von uns waren damals, als wir noch in einer 40-Quadratmeter-Wohnung lebten, vielleicht glücklicher als heute mit 120 Quadratmetern, als wir das erste gebrauchte, klapprige Auto fuhren glücklicher als heute. Wie kommt das?

Ich behaupte, es hängt extrem stark mit unseren Beurteilungen zusammen.

Die meisten von uns entspringen einer Familie oder einem Umfeld, in dem gelehrt wurde, wie wichtig es ist, dass du *es einmal zu etwas bringst*. Streng dich an! Gemeint ist mit dieser Aussage: Schaffe dir möglichst tolle Lebensumstände, viel Geld und viele Dinge! So richtig viel *Zeug*, wie ich es gerne liebevoll nenne. Diese Schaffung von Lebensumständen wird so beschrieben, als wäre sie der einzige Weg zu einem glücklichen Leben. Und darauf hätten wir täglich hart und unermüdlich, ja bis zur Erschöpfung und Selbstaufgabe, hinzuarbeiten. Denn sonst haben wir *es* nicht geschafft. „Haste was, biste was!" heißt die Devise. Dagegen ist grundsätzlich nichts einzuwenden, wenn dir dies Spaß und Freude macht.

Kaum jemand hat uns jedoch je erklärt, wie unglaublich beherrschend und wichtig unsere Beurteilungen der Welt sind. Was diese Beurteilungen mit uns machen und wie sehr sie oft unsere Gesundheit beeinträchtigen, wenn diese negativ sind. Diese Tatsache wird sehr selten berücksichtigt. Ich gehe davon aus, dass auch du kaum jemanden in deinem Leben gehabt hast, der dich immer wieder daran erinnert hat: „Mach deine Beurteilungen im Leben wichtig!" Was ich konkret damit meine, heißt: „Achte immer wieder sehr bewusst darauf, was deine Beurteilung mit deinem Körper macht!"

Wenn du zum Beispiel von deiner Bereichsleiterin glaubst, dass sie unfähig ist und eine dumme Nuss obendrein, dann wirst du jedes Mal, wenn du ihr begegnest, in deinem Körper ein Gefühl wie Wut, Ärger oder Ohnmacht fühlen.

Wie fühlt sich das an? Ich werde immer wieder in diesem Buch darauf eingehen. Negative Beurteilungen fordern einen hohen Preis. Negative Gefühle, wenn sie unbewusst gefühlt werden, beeinträchtigen dein Immunsystem, deine Denk- und Leistungsfähigkeit und natürlich auch deine Ausstrahlung.

Einige Menschen haben sich schon zum Ziel gesetzt, möglichst wenig zu beurteilen. Kläglich sind sie dabei gescheitert. Denn unser Verstand beurteilt immer! Er hat immer eine Meinung – zu allem. Hast du schon einmal ernsthaft probiert, nicht zu beurteilen? „Ich beurteile heute meinen Chef nicht", „Ich beurteile heute meine Kinder oder meinen Partner nicht!" – hat das schon einmal geklappt?

Die besonders Schlauen haben ihre Formulierungen angepasst. Sie verkleiden Vorwürfe in Sätze wie: „Das meine ich jetzt ganz wertfrei, aber so geht das nicht!" Sobald jemand aber sagt: „Das sage ich ganz wertfrei", hört man: Der bewertet mich/den Umstand jetzt völlig negativ ... er hat eine schlechte Meinung darüber. Das heißt, die negative Beurteilung hat bereits stattgefunden, und ich tue jetzt so, als wäre dies nicht passiert. Einige Leute sind dann schon dahintergekommen, dass auch dies keine Wahrheit ist. In vielen Lehren des asiatischen Raums wird empfohlen, nichts zu beurteilen. Was tatsächlich damit gemeint ist, ist jedoch möglichst nichts zu *ver*urteilen, also nicht negativ zu beurteilen.

Wir sind unseren Beurteilungen unausweichlich und ständig ausgesetzt. Deshalb geht es bei unseren laufend stattfindenden Beurteilungen in Wahrheit um eine Entscheidung: um die Entscheidung, zu möglichst allem in meinem Leben „Ja" zu sagen. Jasagen zu den Dingen, Umständen und Ereignissen in meinem Leben sind kräftige Entscheidungen. Während jedes Nein ein unangenehmes Gefühl hinterlassen muss. Ein Nein bedeutet immer eine Ablehnung dessen, was gerade ist. Der Körper erinnert uns daran, dass du Realität nicht akzeptierst bzw. ablehnst, und muss Druck machen, damit du aufwachst.

Je öfter und stärker du an einem Tag etwas negativ beurteilst, desto schlimmer war dein Tag. Viele beginnen schon in der Früh damit: „Schon wieder Montag, regnen tut es auch noch", vor dem Spiegel im Bad geht es weiter: „Ich sehe furchtbar aus, so viele Falten …". Durch diese Gedanken beginnt der neue Tag schon richtig gut, oder?

Man könnte sich einmal überlegen, wieso wir über den Montag anders denken als über den Freitag oder Samstag. Warum wir über Regen anders denken als über Sonnenschein. Denn eines sollte uns doch klar sein: Wenn Montag ist, ist Montag. Wenn es regnet, regnet es. Und wieso glaube ich, dass ein Montag nicht ein schönerer, erfüllterer Tag sein kann als ein Samstag? Ein verregneter Tag mir nicht mehr Freude bereiten kann als ein sonniger? Das Wetter ist immer so, wie es gerade ist. Egal, ob ich es ablehne oder nicht. Da wäre es doch von hohem Vorteil, auch Regenwetter zu mögen. „Ich liebe den Regen, denn wenn ich ihn nicht liebe, regnet es dennoch!" Wie fühlt sich das an? Ist dieser Gedanke nicht angenehmer und wahrer als: „Schande, immer wenn ich frei habe, regnet es!" oder „Ausgerechnet am Wochenende muss es immer regnen!"". Vertraue mir, es ist nicht das Wetter, das dich unglücklich macht, es ist deine Beurteilung!

Noch ein weiteres Beispiel? Denn vielleicht denkt dein Verstand gerade: „Okay, beim Wetter mag er ja recht haben, aber wie ist das bei meinem Chef oder meinem Partner? Mein Chef ist einfach ein Choleriker oder ein totaler Freak! Mein Partner ein fauler Sack. Wie soll ich den nicht negativ beurteilen?" Hier möchte ich klarstellen, dass du natürlich alles weiter in deinem Leben so beurteilen darfst, wie du es bisher getan hast. Du darfst ablehnen und verurteilen, was immer du willst. Sei dir nur darüber bewusst, wie oft du dir damit Schmerz zufügst, wie oft du dadurch Unangenehmes wahrnimmst und im Endeffekt selbst erzeugst! Wenn dein Urteil über deinen Chef zum Beispiel wäre: „Ich habe einen Chef, der immer sein Bestes gibt – denn davon bin ich überzeugt. Ja, ich habe einen Chef, der wahrscheinlich auch oft unbewusst ein Drama aus manchen Kleinigkeiten macht. Einen Chef, der nicht immer darüber nachdenkt, was es mit seinen Mitarbeitern macht, wenn er so oder so agiert. Ja, das ist mein Chef!" – dann wirst du bemerken, dass du bei deiner Haltung bleiben darfst, sich diese Gedanken jedoch komplett anders anfühlen!

Dazu fällt mir gerade eine Szene aus der österreichischen TV-Serie „Ein echter Wiener geht nicht unter" ein. Jemand sagt zu Karl Merkatz, in seiner Rolle als Edmund Sackbauer: „Du und dein deppertes Bier!" Er ruft sehr laut und heftig zurück: „Mein Bier ist nicht deppert!" – und ich denke, er hat recht!

„SORGEN MACHEN ...":
FAST JEDER MENSCH TUT ES,
FAST NIEMAND WEISS, WARUM!

Das Sorgenmachprogramm ist in den meisten Menschen tief verankert. Gleich vorweg: Es gehört zu den schädlichsten Programmen und ist beinahe der Jackpot unter den Glücksverhinderern! Wir wollen uns nun gemeinsam ansehen, wie dieses Programm funktioniert.

Wie machst du es, dass du in das Gefühl von Sorge kommst? Überlege bitte kurz, was dazu notwendig ist. Was du dazu tatsächlich tun musst, um dieses Gefühl zu erzeugen. Versuche für dich selbst zu beschreiben, wie der Vorgang ist, ehe du weiterliest ...

Stell dir vor, ein kleines Kind kommt zu dir und will genau wissen, wie du es machst, dass du dir Sorgen machst. Es hat keine Ahnung, was es tun soll, damit es in dieses Gefühl kommt. Beschreibe ihm, was du genau machst, sodass es diesen Zustand auch erreichen kann.

Es ist nämlich gar nicht so einfach, diesen Zustand absichtlich herbeizuführen, wenn man nicht weiß, wie das geht! Aber wir wissen es. Und ... wir tun es meist schon seit unserer frühesten Kindheit. Warum? Weil Mama und Papa es auch immer getan haben. Oma, Opa, Tante und Onkel, meine Freunde und Nachbarn ... ja, genau genommen alle Menschen, die ich kenne! Deshalb mache ich es wahrscheinlich auch. Wenn ich mir nämlich einmal Zeit nehme, um zu beobachten, was da in mir genau vorgeht, ist das ganz schön kompliziert.

Ein Beispiel, wie Menschen ihr Sorgenmachprogramm normalerweise starten:

Nehmen wir an, du sitzt zu Hause gemütlich auf deiner Couch. Und plötzlich überkommt dich ein Gefühl von Sorge. Oder du liest gerade in deiner Zeitung, dass das Pensionssystem wahrscheinlich nicht halten wird! Was tust du mit dieser Information? Du überlegst dir nun, wie das sein wird, wenn sich für dich keine Pension mehr ausgeht. Meist malen wir uns schlechte Nachrichten sehr dramatisch aus: Was wird das für Auswirkungen haben, auf dein Leben, deinen Lebensstandard, dein Wohlergehen ...?

Da solche Gedanken keine freudigen Erwartungen erwecken, bekommst du natürlich durch deine ablehnende, unangenehme Vorstellung sofort ein schlechtes Gefühl. Dass deine Gedanken über eine Sache deine Emotionen verursachen, weißt du ja schon. Das heißt, du malst deinem inneren Auge einen Film, wie negativ sich die wirtschaftlichen Entwicklungen auswirken werden, wie schlecht es dir ergehen wird und wie unglücklich du sein wirst. Wie gesagt, es ist nur ein Film, dem du da deine Aufmerksamkeit schenkst, denn du weißt ja nicht wirklich, was die Zukunft für dich bereithält! Du fühlst dich auch noch ziemlich ohnmächtig dabei, dieser vorgestellten Zukunft entgegenzuwirken, was natürlich die Heftigkeit deines unangenehmen Gefühls dementsprechend verstärkt. Je länger du nun diese Gedanken aufrechterhältst, desto enger wird deine Brust, desto schlechter geht es dir. Nicht, weil die Angelegenheit tatsächlich so schlimm ist, sie ist im realen Leben ja auch gar nicht eingetreten. Aber in deiner Vorstellung ist alles, als würde der schlimmste Fall jetzt schon eingetreten sein. Cool, oder? Verschärft wird die Situation noch dadurch, dass wir in der

Lage sind, uns die allerschlimmste Variante vorzustellen, und das tun wir meist in so einem Fall auch. Dann wird es in unserem Körper richtig heftig!

Nun meine Frage: Wozu machen wir das? Was für einen Nutzen haben wir davon? Welchen Nutzen hat ein anderer Mensch davon, wenn ich mir das Schlimmste ausmale? Kurz: Was bewirkt dieses Vorgehen in meinem Leben? Gibt es irgendeinen Punkt im Universum, der einen Vorteil daraus zieht, oder irgendetwas, das sich dadurch verbessert?

Ich lasse die Teilnehmer meiner Vorträge oder Seminare immer gerne aufschreiben, welchen Vorteil das Sorgenmachen hat. Die meisten finden rein gar nichts. Horche einmal in dich hinein, was dein Verstand darüber denkt. Findest du etwas Positives daran? Etwas, was dich motiviert, dir immer wieder Sorgen zu machen? Oder erkennst du bereits ein wenig, dass dies ein völlig sinnloses Programm ist?

Dass wir jederzeit in der Lage sind, uns um Personen, Wirtschaftslagen, das Wetter, die Benzinpreise, den Partner, die Kinder, die Eltern ... kurz um alles Mögliche Sorgen machen zu können, ist Faktum. Es zwingt uns keiner dazu! Wir müssen das also nicht tun, es ist unsere freie Wahl. Alle Menschen machen sich größtenteils völlig unnütz Sorgen.

Beschäftigen wir uns noch mit einem anderen „Klassiker":

Dein geliebtes Kind (oder eine andere dir liebe Person) fliegt auf Urlaub nach Griechenland. Am heftigsten wird das im Folgenden Beschriebene dir klar, wenn du dazunimmst, dass dein Kind zum ersten Mal allein eine so weite Reise macht ... Der „Normalmensch", und das ist, wie du bereits weißt, nicht immer der Glücklichste, beginnt sich nun Sorgen zu machen. Das heißt, Gedanken zu denken wie: „Hoffentlich geht alles gut!", „Wird sich mein Kind zurechtfinden in der weiten Welt?", „Wird es auch immer gut aufpassen auf die vielen Gefahren. Brav essen, genug schlafen, nicht zu viel Alkohol trinken, in gutem Umgang und vorsichtig sein, sich warm genug anziehen, und, und, und ...?" Kennst du das? Meine Frage dazu lautet wieder: Wozu machst du das? Hilft es deinem Kind? Was macht es mit deinem Körper? Was macht es mit deinem Umfeld? Wie wirkst du dabei, wenn du dir Sorgen machst? In welcher Energie bist du da? Und zuletzt: Wer hat etwas davon? Du? Dein Kind? Dein Partner?

Wenn man sich solche Fragen stellt, kommt man diesem Programm auf die Schliche! Es ist völlig sinnlos, denn selbst wenn deinem Kind gerade etwas Schlimmes passiert, ändert das nichts an der Tatsache! Dies gilt es sich einmal bewusst zu machen. Und wenn alles prima läuft, hast du dir wieder umsonst Sorgen gemacht – was nebenbei gesagt schlicht fast immer der Fall ist! In Wahrheit!

Fühle einmal in den Satz hinein: „In Wahrheit habe ich mir bisher immer umsonst Sorgen gemacht!" Jetzt tief atmen ... und nochmals: „In Wahrheit habe ich mir bisher immer umsonst Sorgen gemacht!" Jetzt tief atmen ... und nochmals: „In Wahrheit habe ich mir bisher immer umsonst Sorgen gemacht!" Jetzt tief atmen ...

Wie fühlt sich das an? Eng und druckvoll? Oder leicht und weit?

Zusammengefasst: Im Normalfall sitzt du gemütlich in deinem Wohnzimmer. Es gibt keinen wirklichen Grund, dass es dir schlecht geht! Du hast wahrscheinlich genug gegessen und getrunken, die Raumtemperatur ist angenehm, es gibt also keinerlei Anlass, dass es dir schlecht geht. Und was tust du? Du machst dir Sorgen! Wie clever ist das? Was verändert es in Wirklichkeit? Ja, es gibt einiges, was es verändert: Du schädigst dein Immunsystem extrem, du schränkst deine Denkfähigkeit total ein, es schnürt dir deinen Brustkorb zu, deine Ausstrahlung ist alles andere als glücklich, dein Partner hat auch keine große Freude mit dir.

Nichts als Nachteile – kein einziger Vorteil! Wenn jemand das erkennt, zweifelt er, vielleicht zum ersten Mal in seinem Leben, ob dieses Sorgenmachen wirklich weiter Bestand haben soll. Denn wenn es keinen Hinweis darauf gibt, dass es irgendetwas oder irgendjemanden gibt, der einen Vorteil davon hat, kann man schon einmal über die Sinnhaftigkeit dieses Programms ernsthaft nachdenken. Dieses Zweifeln ist wichtig für Veränderung! Solange ich mein Verhalten nie anzweifle, mir nie bewusst überlege, dass es etwas Besseres geben könnte als mein bisheriges Verhalten, kann Veränderung nicht stattfinden. Solange man keinen anderen Weg kennt, nimmt man den alten.

Ich hoffe, dieses bewusste Ändernwollen nun in dir ausgelöst zu haben. Natürlich wehrt sich dein Verstand gegen jeden Beschluss, dein Leben zu verändern. Denn Veränderung birgt immer Gefahren in sich. Der Kopf weiß nicht, was die Zukunft bringen wird. Niemals! Als Überlebenssicherer hat der Verstand die Aufmerksamkeit auf Gefahren zu lenken. Dazu ist er auch da! Aber welche tatsächliche Gefahr könnte entstehen, wenn du dir ab jetzt weniger bis gar keine Sorgen mehr machen würdest? Wäre dein Leben in Gefahr? Deine Beziehung? Dein Arbeitsplatz? ... Welche schlimmen Konsequenzen könnte es haben? Was zu diesen Fragen ab und zu als Antwort auftaucht, sind Aussagen wie die Folgenden: „Dann wäre ich nicht mehr normal!", „Sorgenmachen ist einfach normal und alle Menschen machen sich Sorgen!", „Ich kann nicht einfach damit aufhören!", „Was würden die anderen Menschen über mich denken?", „Okay, dass es keinen tatsächlichen Sinn hat, also nichts Positives bewirkt, habe ich vielleicht kapiert, aber ...".

Ich möchte jetzt auf diese Widerstände, die vielleicht in dir vorhanden sind, eingehen, jene, die möglicherweise von deiner Verstandesseite her auftauchen. Vorab braucht es dazu eine kurze Information, woher wir diese Programme überhaupt haben. Dann kommen wir auch dem Denkfehler dabei leicht auf die Schliche!

Grundsätzlich nützt es, wenn du dir nochmals in Erinnerung rufst, dass nicht du es warst, der das Sorgenmachprogramm erfunden hat! Sorgenmachen hat einfach in deinem Leben immer rund um dich stattgefunden, und als Kind dachten wir, dass das „normal" sei ... sonst würden es ja nicht alle machen! Als Kind geht man generell davon aus, dass Erwachsene wissen, was sie tun. Und da man als Kleinkind keine Ahnung davon hat, wie „Leben" funktioniert, sind wir darauf angewiesen gewesen, zuzusehen, zuzuhören und zu lernen, wie hier auf der Erde scheinbar das Leben funktioniert. Da Sorgenmachen immer präsent, sichtbar und hörbar ist, gehört es offensichtlich zum Leben. Da gab es eine Mama, die sich Sorgen machte, ob Papa auch pünktlich zum Essen da ist, ob die Tochter die Prüfung schafft, das Geld diesen Monat reichen wird, der Kuchen dem Besuch schmeckt, der Knochenbruch ihrer Mutter heilen wird, ob du das Instrument auch wirklich lernen wirst, du nicht auf die schiefe Bahn gerätst, keine Drogen nimmst, nicht zu viel Alkohol trinkst und dass es dir einmal besser gehen wird als ihr. Dann den Papa, der sich Sorgen machte, ob er das Projekt bis Dienstag abschließen kann, seine Mannschaft das Spiel gewinnt, ob er abends heute seine Lieblingssendung anschauen kann, die Kinder sich wieder vertragen werden, er seinen Job im nächsten Monat noch behalten wird, seine Beförderung durchgeht, das Pensionsalter nicht angehoben wird ...

Doch bei genauerer Betrachtung haben auch die Menschen, die sich Sorgen machen, immer schon Menschen um sich gehabt, die sich Sorgen machten! Also auch deine Eltern haben sich dieses Programm nicht selbst einfallen lassen ... und deine Großeltern ebenfalls nicht, da sich ja deren Eltern gleichfalls schon Sorgen gemacht haben und so weiter!

Du könntest nun also der erste Mensch in einer sehr langen Ahnenkette sein, der dieses Muster durchbricht! Genial, oder?! Du könntest der Mensch sein, der es vielen weiteren Generationen vorlebt, dass man auch ohne sich viele Sorgen zu machen leben kann und darf! Denn ein Hauptwiderstand deines Verstandes beim Loslassen dieses Programms ist, und vielleicht hast du das in deinem Leben schon gehört: „Gute Menschen" machen sich Sorgen! Dies ist meines Erachtens der Hauptgrund, warum dieses Programm so hartnäckig bestehen bleibt! Das haben sehr viele Leute gelernt und geglaubt, bis heute! Deshalb möchte ich gerne darauf eingehen. Das Konzept des „guten Menschen" wird geprägt durch das jeweilige Umfeld, den Lebensraum und die Menschen, mit denen du in Beziehung stehst. Je nachdem, was du darüber gehört hast, so sieht dein Programm aus. Die wenigsten von uns wurden gelehrt und bekamen vorgelebt, dass ein guter Mensch sein Herz nicht verrät und zu seiner Wahrheit steht – egal, ob dies anderen Menschen passt oder nicht. Die meisten lernten, dass ein guter Mensch immer auf alle Rücksicht nimmt, sich selbst nicht als wichtig bewertet, sich für andere aufopfert, lieb, nett und brav ist. Egal, ob ihm das selber zuträglich ist oder nicht.

Die Botschaft lautete: „Verbiege dich und kümmere dich um andere! Sei leise, ordentlich, angepasst, lächle und halte den Ball schön flach!" Ich überprüfe Aussagen aller Art immer am liebsten mit der Frage: Ist das wirklich wahr? In dem Fall: Ist es wirklich wahr, dass sich gute Menschen viele Sorgen machen?

Dass die meisten Menschen gerne gute Menschen sein wollen, ist „normal". Dass diese Denkweise meiner Entwicklung nicht zuträglich ist, da mein Verstand dann auch automatisch denkt, dass ich noch kein guter Mensch bin, ist ein weiterer Denkfehler, auf den ich später unbedingt noch zurückkommen werde. Öffne dich jetzt schon für den

Gedanken, dass du immer beides bist! Ein guter Mensch und ein schlechter, ein lauter und ein leiser, ein angenehmer und ein unangenehmer, ein braver und ein böser. Aber ich will bei diesem Beispiel bleiben.

Nehmen wir noch einmal an, dass sich gute Menschen Sorgen machen! Das ist ein sehr hochrangiges, hartes Denkmuster! Hochrangig deshalb, weil es unglaublich viele Gebiete in deinem Leben gibt, in denen dieses Programm zuschlägt, und weil es bei vielen Leuten extrem viel Lebenszeit beansprucht. Doch stelle dir einmal ehrlich die Frage: Welcher Aspekt des Sorgenmachens macht dich zum guten Menschen? Was genau ist das? Macht sich ein guter Mensch wirklich Sorgen um das Wetter, um die Finanzkrise, um einen Parkplatz …? Bei dieser Frage biegen schon einige Menschen ab und kommen darauf: Nein, diese Gedanken machen mich nicht zu einem guten Menschen! Nur, wenn es beim Sorgenmachen um Menschen geht, teilt dein Verstand dir nun vielleicht mit! Das wäre bereits eine unglaubliche Erkenntnis, die du jetzt gleich feiern könntest! Unglaublich wirksam übrigens deshalb, weil im Normalfall auf einen Schlag fast 70% deiner Sorgenmachzeit wegfallen!

Ebenso könntest du, wenn möglich, jetzt gleich eine unglaublich kraftvolle Entscheidung treffen: „Ich werde in Zukunft sehr aufmerksam sein, mir nur mehr über Menschen Sorgen machen, und aufhören, mir über Dinge oder Gegebenheiten Sorgen zu machen! Denn ich habe erkannt, dass dieses ständige Sorgenmachen nur ein sinnloses Programm in mir ist, das ich unbewusst immer wieder anwende." Es ist eine Entscheidung, sich keine Sorgen mehr zu machen! Je kraftvoller du das tust, umso mehr wird dich dein Verstand künftig dabei unterstützen! Denn auch dein Verstand weiß, dass in Wirklichkeit du der Chef bist und du entscheidest, was du denken willst und was nicht. Vorausgesetzt, du bist dir dessen bewusst, was du tust!

Nachdem du nun entschieden hast, dir um Dinge und Gegebenheiten keine Sorgen mehr zu machen, kannst du überlegen, wie du es mit Personen hältst. Wenn du noch immer daran festhalten willst, dir um Menschen Sorgen zu machen, darfst du das natürlich tun, du musst aber nicht! Frage dich einmal, um wen du dir zukünftig noch Sorgen machen willst. Welche Menschen sind das? Die kleinen Kinder in Afrika? Dein Partner, deine Kinder, deine Eltern, deine Arbeitskollegen, deine Freunde, deine Nachbarn, dein Postbote, die Trafikantin …? Du kannst dir eine kleine Liste schreiben, über wen du dir zukünftig noch unbedingt Sorgen machen willst. Schreiben hilft da immer ungemein. Stehst du selbst auch auf der Liste? Machst du dir gerne Sorgen um dich? Machst du dir oft Sorgen um dich? Worüber sorgst du dich am öftesten? Auch das ist sehr gut, wenn du das weißt!

Jetzt kommt die nächste provokante These von mir, und bitte beobachte, was es mit dir macht und welche Gedanken sich in dir breitmachen, wenn du den nächsten Satz liest:

Du machst dir in Wahrheit immer nur Sorgen um dich! … atmen … Du machst dir in Wahrheit immer nur Sorgen um dich! … atmen …

Ist das wahr?

Steht hinter den Sorgen, die du dir um dein Kind, das allein in Griechenland Urlaub macht, vielleicht in Wahrheit, dass du dir Sorgen darüber machst, dass du viele Unannehmlichkeiten haben wirst, wenn etwas schiefgeht? Dass du dich dann wieder um alles kümmern musst, dass du das Kind trösten musst … dass du es vielleicht abholen musst … du Kosten übernehmen … oder ihm Zuspruch leisten sollst, dass du vielleicht wieder viel Ärger in dir spürst, dass du vielleicht keine gute Mutter warst oder bist, dass du … dass du … dass du …

Hmmm? Wie fühlt sich das nun an?

Wenn es deine innerste Überzeugung ist, dass sich die guten Menschen Sorgen machen, dann hast du natürlich auch ein Problem mit Menschen, die sich keine oder fast keine oder zumindest weniger Sorgen machen als du.

In meiner Praxis erfahre ich bei diesem Thema immer wieder am Anfang des Gesprächs, dass es Leute oft wahnsinnig macht, wenn der Partner in verschiedenen Angelegenheiten, die sie selbst erschüttern, einfach so ruhig bleiben kann! Diese Klienten können nicht damit umgehen, dass es jemanden gibt, der sich über alle möglichen „wichtigen Sachen" keine Sorgen macht. Wenn in einer Beziehung einer der beiden schon vor Sorge im Kreis läuft, weil das Kind noch nicht daheim ist, der Partner jedoch beruhigt und sagt: „Jetzt entspann dich einmal. Es wird schon nichts passiert sein", kann das den anderen Partner nahezu wahnsinnig machen. Dabei stellen sich, wie gesagt, 98 % der Sorgen, die man sich macht, am Ende als völlig ungerechtfertigt dar. Noch heftiger wird es, wenn der Partner vielleicht auch noch einfach ins Bett geht, statt sich mit dem anderen Sorgen zu machen!

Was genau nervt daran eigentlich so? Dass man selbst es nicht schafft, sich keine Sorgen zu machen? Oder dass der Partner es schafft? Oder ärgert man sich darüber, weil der andere beim Sorgenmachen nicht mitspielen will? Oder weil man ihm vorwirft, verantwortungslos zu sein? Oder weil man insgeheim eh weiß, dass man aus einer Mücke einen Elefanten macht?

So weit zieht das Sorgenmachprogramm seine Kreise! Dir geht es schlecht, deinem Partner, der das meist am nächsten Tag, obwohl die Geschichte gut ausgegangen ist, auch nochmals zu spüren bekommt. Meist in Form von Bestrafung bzw. Missachtung, weil du dich als Sorgenmacher von ihm auch nicht beachtet und wahrgenommen fühltest ... und wie gesagt: Es gibt niemanden, der etwas davon hat!

Wenn ich doch das Gegenteil wüsste ...

In meinen Workshops und Vorträgen lasse ich die Teilnehmerinnen und Teilnehmer raten, was denn das Gegenteil des „Sorgenmachens" ist. Es ist erstaunlich, aber manchmal dauert es eine ganze Weile, bis Antworten kommen. „Keine Sorgen machen", kommt meist spontan, dann Angaben wie: Zufriedenheit, Gelassenheit, Glücklichsein und vieles mehr.

Ich nehme es vorweg: Es ist Vertrauen! Immer, wenn wir uns Sorgen machen, haben wir kein Vertrauen. Wenn ich mir Sorgen um mich und meine Zukunft mache, habe ich kein Vertrauen in mich und meine Fähigkeiten! Wenn ich mir Sorgen um andere Menschen mache, habe ich kein Vertrauen zu diesen und/oder kein Vertrauen ins Leben. Auf das Leben vertrauen heißt für mich, zu wissen, dass nichts in meinem Leben ohne Sinn passiert und alles zu meinem Besten ist. Wieder eine sehr mächtige und unübliche Entscheidung – ich weiß!

Auch hier ist es gut, zu wissen, woher dieses Vertrauen kommt. Nun, die meisten Menschen haben von Kindheit an vorgelebt bekommen, dass *man* sich eben Sorgen macht. Viele Sorgen, jeden Tag. Als Kind wurde uns sehr selten Vertrauen entgegengebracht. Egal, ob wir wo raufklettern oder etwas mit einem scharfen Messer schneiden wollten, und schon gar nicht in der Schule. Wenige von uns hatten Eltern, die echt vertraut haben bzw. uns öfter die Verantwortung für etwas überlassen haben – ab und zu haben wir Sätze gehört wie: „Du schaffst das schon!", aber wirklich gespürt, dass hier jemand voll auf uns zählt und vertraut, haben wir selten. Dieses Nichtvertrauen über die ganze Kindheit und Jugend zu erfahren und zu erleben prägt das Erwachsenwerden.

Bei vielen Erwachsenen ist es heute immer noch so. Betrachten wir zum Beispiel im Verhältnis von erwachsenen Kindern zu ihren Müttern einen Fall, der oft vorkommt. Die folgende Darstellung ist für jene unter euch, die bereit sind, wirklich hinzusehen, was das Gegenteil einer solchen sogenannten „guten" Mutter ist, also was auf der anderen Seite der Medaille steht.

Es gibt Mütter, die ihre Kinder, die längst erwachsen, jenseits der 40 und sogar oft schon lange selbstständig sind, einfach nicht loslassen können. Stell dir eine Mutter vor, die ihren 50-jährigen Sohn anruft und Folgendes sagt: „Hallo, Michael! Hast du heute schon aus dem Fenster gesehen? Es hat geschneit! Bitte fahr vorsichtig, denn es ist draußen total rutschig. Und mach beim Auto die Scheiben ordentlich frei, damit du etwas siehst. Fahr ganz langsam und vergiss deinen Schal nicht. Du weißt, du verkühlst dich so leicht! Nimm Handschuhe, damit du nicht frierst. Und ruf mich gleich an, wenn du gut in der Arbeit angekommen bist. Pass auf!"

Ich denke, du kennst so etwas, zumindest vom Erzählen oder über Bekannte. Nun, was heißt dies im Klartext? Von welcher Motivation ist diese *gute* Mutter wohl getrieben?

Spüre ein wenig, ob die folgende „Übersetzung" wahr sein könnte, auch wenn ich sie bewusst sehr übertreibe: „Hallo, Michael! Ich weiß zwar, dass du schon 50 Jahre alt bist. Dennoch bist du mein kleiner Junge. Und da du in meinen Augen immer noch ein ziemlich unfähiger, unbeholfener Knabe bist, rufe ich dich an. Ich glaube nämlich, dass du ein Vollidiot bist und das Weiße vor deiner Tür nicht kennst. Du hast auch keine Ahnung, dass dieses Weiße die Fahrbahn rutschig machen kann. Ich glaube außerdem nicht, dass du vernünftig bist und beim Autofahren etwas sehen willst. Sogar deine Körpertemperatur kannst du nicht selbst fühlen und beurteilen. Dazu brauchst du mich nach wie vor. Um mir zu bestätigen, dass du ohne mich noch nicht lebensfähig bist und mich brauchst, ruf mich bitte nachher an und sag mir, dass ich eine gute Mutter bin und recht gehabt habe mit meinem Anruf!"

Hmmm – wie fühlt sich das an? Ich weiß, dass meine Botschaften oft hart zu nehmen sind, aber wenn sie vielleicht wahr sind, dann weißt du jetzt, was du zu tun hast, um aus dem Sorgenmachprogramm auszusteigen. „Neue Wahrheiten" erleben wir immer dann, wenn wir andersartige Informationen als bisher zur Verfügung gestellt bekommen und diese sich „wahrer" anfühlen als die alten! Spüre bitte ehrlich hin. Nur dann ist Veränderung wirklich möglich und eine entsprechende Entscheidung für das Neue.

Wenn du eine solche Mutter (bzw. einen so handelnden Menschen in deiner Umgebung) hast, bleibe in der Liebe und dem jetzigen Wissen, dass sie es gut „meint", weise sie dennoch darauf hin, dass du nun schon groß bist und sie dir Vertrauen schenken möge. Das Sorgenmachprogramm um andere ist nichts anderes als das Auftauchen eigener Ängste. Um das zu vertuschen, behaupten wir, dass wir uns Sorgen machen. Was tatsächlich stattfindet, ist unsere ureigenste Angst. Dieser Angst dürfen wir uns stellen und sie bejahend fühlen!

Danke für deine Mithilfe, dass diese Volksseuche „Sorgenmachen" jetzt verschwinden darf. Lasst uns aufhören, so unglaublich viel Zeit damit zu verbringen. Denn würden wir diese Zeit für etwas anderes nützen, kämen wir schnell wieder aus dem nächsten groben Denkfehler heraus: Ich habe keine Zeit!

ICH HABE KEINE ZEIT

Dieser Satz ist für mich das meistgesprochene Mantra der westlichen Welt. Fast jeder Mensch in unserer Umgebung jammert und beschwert sich darüber. Doch ist das wahr? Ist das wirklich wahr, dass du keine Zeit hast? Ich behaupte, du hast viel Zeit – richtig viel Zeit. Jeden Tag 24 Stunden. 24 Stunden, die gefüllt und erlebt werden wollen. In dieser Zeit hast du alle Möglichkeiten, dich zu erfahren, dich zu erleben und diese Zeit als großartiges Geschenk zu spüren.

Man kommt sich selbst sehr schnell auf die Schliche, wenn man Zusatzfragen ergänzt. Wofür habe ich keine Zeit? Warum nehme ich mir keine Zeit dafür? Und wann könnte ich das doch tun? Auch für dieses Verhalten hatten wir Vorbilder. Oft mussten wir als Kinder erfahren, dass Mama oder Papa keine Zeit hatten. Keine Zeit für uns, keine Zeit zum Spielen oder um zuzusehen, wie toll wir schon sind. Wenn wir den Satz gehört haben: „Ich habe jetzt keine Zeit!", wäre es richtiger und ehrlicher gewesen, sie hätten gesagt: „Ich *will* mir jetzt dafür *keine Zeit nehmen*!" Doch dies bringen die meisten Menschen nicht übers Herz, denn das würde ja ausdrücken: „Du bist mir jetzt nicht so wichtig wie das, was ich gerade mache." Das wäre meistens die Wahrheit gewesen.

Damit du gleich nachvollziehen kannst, was sich in deiner Kindheit vielleicht abgespielt hat, fühle dich doch in folgende Beispiele ein: Du bist noch klein und deine Mama bügelt gerade. Du willst aber mit ihr spielen. Dein Papa liest Zeitung oder arbeitet zu Hause für die Firma (weil er ja morgen *keine Zeit* dafür hat), und du möchtest mit ihm etwas unternehmen. Du bekommst die Antwort: „Ich habe keine Zeit!" Würdest du als Kind mit einem Nagel im Bein zu Mama oder Papa laufen, behaupte ich, dass sie sofort Zeit für dich gehabt hätten! Oder? Das heißt, sie haben dein Anliegen als weniger wichtig, weniger notwendig oder schlicht als nicht so lustig betrachtet. Das ist der Grund, warum sie gesagt haben: „Ich habe keine Zeit!"

Vielleicht achtest du bei dir selbst in Zukunft ein wenig darauf, wann und wie oft du diesen Satz gebrauchst, und überlegst dir bewusst, was du stattdessen antworten möchtest bzw. solltest. Wenn dein Verstand sagt: „Ich habe keine Zeit", fühlt sich das fast immer unangenehm an. Warum? Weil es meist nicht wahr ist. Und es bedarf einigen Mutes, ehrlich durchs Leben zu gehen. Als Kind erlebten wir die Zurückweisungen, die mit Zeitmangel begründet wurden, als extrem ungerecht. Wir haben das lange nicht verstanden und uns mit Händen und Füßen dagegen gewehrt, dies zu glauben. Doch aus der Abhängigkeit heraus resignierten wir irgendwann einmal und akzeptierten diesen Satz.

Irgendwann haben wir dann entschieden, dieses Mantra selbst zu übernehmen. Zu schmerzhaft war die Gegenwehr, zu oft wurden wir dadurch enttäuscht. Wir kapitulierten. Manchmal bekamen wir auch noch ergänzende Antworten, die unser Verständnis für die Ablehnung erwecken sollten. „Ich kann jetzt nicht, weil ich muss noch ..." Doch dieser Satz erweiterte die Kette der Unwahrheiten nur um noch ein Glied. Antworten, die mit einem Kind respektvoller umgehen, hätten lauten können: „Ich mache zuerst dies hier fertig und anschließend nehme ich mir Zeit für dich!", „Ich nehme mir jetzt nur kurz Zeit dafür, um 15.00 Uhr machen wir dann gemeinsam, was du wolltest", „Wenn du mir jetzt schnell hierbei hilfst, bin ich früher fertig. Dann machen wir beides gemeinsam."

An dieser Stelle ist es mir wichtig, zu erwähnen, dass die Eltern das Kind natürlich nicht in voller Absicht enttäuscht haben. Sie haben diese Verhaltensweisen auch von ihren Eltern so gelernt und vorgelebt bekommen, und diese wiederum von ihren Eltern. Und da sie es ebenso als unbewusstes Programm über einen langen Zeitraum gespeichert haben, rufen sie es immer wieder ab, ohne Klarheit darüber zu haben, dass es eben nur ein Programm ist – automatisiert, durch ständigen unbewussten Gebrauch.

ZUR ZEIT, NOCH ALLGEMEINER ...

Zeit hat man nicht, Zeit ist! Mein lieber Freund Gerhard sagte dazu immer: „Eine Minute vor verschlossener Toilettentüre fühlt sich komplett anders an als eine Minute dahinter" – und er hat sehr recht damit! Was ich mit meiner Zeit mache und wie ich damit umgehe, sollte ich möglichst bewusst entscheiden. Die einzige Zeit, die du tatsächlich gestalten kannst, ist „jetzt". Versuche immer möglichst präsent zu sein, da, wo du jetzt gerade mit deinem Körper bist, bei der Sache, die du jetzt gerade machst, und achte dabei möglichst oft auf dein Körpergefühl. Es gibt dir ständig Hinweise, wenn du im unbewussten Erschaffen bist! Stell dir immer wieder die Fragen: „Wie will ich jetzt sein? Wie will ich wirklich reagieren? Wie würde ‚meine beste Version von mir' jetzt agieren?"

Mal kurz
Zwischendurch ...

Wie geht es dir gerade? Was macht das bisher Gelesene mit dir? Ich will hier, dass du weißt, dass ich bei dir bin, dich begleite. Wahrscheinlich tauchen immer wieder viele Fragen, manche Unklarheiten, ja Unsicherheiten auf. Das ist völlig normal. Ich möchte dich an dieser Stelle daran erinnern, dass ich dich aufwecken will! Ich weiß von Probelesern, dass sie oft „mehr" über manche Themen wissen wollen, dass sie auch oft mehr Beispiele haben wollen, um das Gelesene noch besser zu verstehen und um es leichter integrieren zu können. Ich will jedoch sehr bewusst hier keinerlei Rezepte verteilen, denn die gibt es nicht – nicht in der oft gewünschten Form.

Dieses Buch ist dazu da, dich zu öffnen! Öffnen für neue Sichtweisen, Sichtweisen, die dir guttun, die dich freier und glücklicher machen können. Es gibt viele Notizen bei mir und bereits gestellte konkrete Fragen, die ich alle gerne beantworten werde, wahrscheinlich wieder in einem Buch, das hoffentlich bald folgen wird.

Aus der langjährigen Erfahrung meiner Arbeit mit vielen Menschen weiß ich auch, dass das hier Geschriebene nicht spurlos an dir vorübergeht. Es lösen viele meiner Gedanken Prozesse in dir aus, auf die du mehr oder weniger reagierst. Je nachdem, wie sehr dich die einzelnen Kapitel „be-treffen"! Deine Resonanz auf meine Geschichten zeigt, dass es

Handlungsimpulse in dir gibt. Wunderbar! Diese Prozesse lockern deine bisherigen Glaubenssätze auf, dies benötigt Zeit. Schenke dir diese Zeit und bleibe im Vertrauen. Vertraue dir und wenn du willst auch mir und diesem Buch. Vertraue und spüre, dass es dich bereits bereichert hat und noch mehr bereichern wird. Natürlich könnte ich bei vielen Kapiteln tiefer und noch tiefer hineingehen, doch dieses Buch soll auch unterhaltsam bleiben und dich neugierig auf DICH machen! Was will ich ausprobieren in meinem Leben? Wo gibt es Bereiche, die ich sofort angehe, wo bin ich schon mutig genug, es gleich umzusetzen? Bin ich bereit, mich über einzelne Abschnitte des Buches im Freundeskreis zu unterhalten, mir deren Meinung dazu anzuhören, kann ich es in eigene Worte fassen? ...

Nimm dir Zeit dafür, dich zu überprüfen. Tu es mit Leichtigkeit und Freude! Mache dir keinen Stress damit! Lege immer wieder Pausen ein, lies vielleicht manche Kapitel zweimal und höre in dich hinein. Es geht nicht darum, dieses Buch möglichst rasch fertig zu lesen! Achte auf die teilweise Überforderung deines Verstandes und gib ihm Pausen, um das für dich Wichtigste sickern zu lassen. Öffne dich für den Gedanken, dass es allen Lesern so geht wie dir gerade eben. Ab und zu ist es „harte Kost" für deinen Verstand – du hast mein Mitgefühl! Sei lieb, gnädig und verständnisvoll mit dir – du machst das super!

Und wenn du wieder dreimal tief durchgeatmet hast und Lust auf mehr verspürst, lies weiter ... Danke!

Ich muss ... – ich kann nicht ...

Was schätzt du: Wie oft gebrauchst du diese Wörter täglich? Wie oft denkst du sie, ohne sie auszusprechen? Erinnere dich nur kurz daran, wenn du telefonierst und deine Freundin von dir wissen will, ob du mit ins Kino kommst. „Nein, ich kann nicht! Ich muss meine Tochter abholen und dann muss ich mit ihr lernen und bügeln muss ich heute noch. Morgen? Nein, morgen kann ich auch nicht, ich muss daheim sein, denn da kommt meine Mama zu Besuch und die muss ich dann anschließend noch nach Hause bringen ..." Ganz schön oft – und dieses Gespräch dauerte keine Minute!

Doch jetzt die wichtigste Frage: Wie fühlst du dich dabei, wenn du diese Wörter sprichst oder denkst? „Ich muss ...", „Ich kann nicht ...", oder in Kombination: „Ich kann nicht, weil ich muss ..." Also mir geht es nicht gut damit. Ich fühle mich sehr unfrei und abhängig dabei. Denn wenn ich etwas muss, dann zwingt mich ja anscheinend jemand oder etwas dazu. Ich bin dann nicht der Entscheider! Ich trage nicht die Verantwortung. Es scheint, als hätte ich keine andere Möglichkeit. Doch ist so ein Satz jemals wirklich wahr? Der Verstand sagt jetzt vielleicht gleich: „Na sicher! Es gibt extrem viele Dinge in meinem Leben, die ich machen *muss*, und Dinge, die ich *nicht tun kann*, weil ich eben etwas anderes tun *muss*!" Doch ist das wirklich wahr?

Tatsache ist, dass jedes Mal, wenn sich so ein Satz in mir

breitmacht oder ich ihn ausspreche, mein Selbstwertgefühl in den Keller geht und leidet. Ich fühle mich gezwungen, Dinge zu tun, die ich scheinbar nicht tun will, und ich habe auf Dinge zu verzichten, die ich gerne machen würde. Durch diese Glaubenssätze geben wir unsere Entscheidungskraft ab, wir verlieren Energie, fühlen uns klein und unwichtig, werden gelebt und vereinnahmt. Scheinbar schutzlos gehen wir in eine Opferhaltung und geben Verantwortung ab. Hallo? Aufwachen!

Allein das körperliche Unwohlsein beim Denken oder Sprechen dieser Sätze sollte mir genug Hinweis sein, dass ich dringlichst damit aufhören sollte. Denn es zieht mich ja offensichtlich immer hinunter, wenn ich dies tue.

Egal, wovon du sprichst, „ich muss" ist niemals wahr. Du *musst* nicht daheim bleiben, du *musst* nicht aufstehen, du *musst* nicht zusammenräumen und du *musst* nicht einmal arbeiten, du tust all diese Dinge, ja, aber niemand zwingt dich dazu und steht mit der Pistole neben dir. Vielleicht hast du ab und zu auch schon Menschen sagen gehört: „Müssen tu ich gar nichts!" (oft natürlich, ohne dass sie sich dieser Wahrheit wirklich klar bewusst waren). Ab und zu gibt es noch den Zusatz: „Nichts muss ich – außer sterben." Und sarkastisch gesprochen, *musst du* nicht einmal das aktiv tun – dich ums Leben zu bringen könnte ein unachtsamer Busfahrer für dich übernehmen. Hier, wo wir leben, musst du für dein Überleben so gut wie nichts tun. Ab und zu essen und trinken. Sogar das Atmen geht von selbst, denn die wenigsten Leute atmen über einen längeren Zeitraum wirklich bewusst. Wir werden über lange Strecken geatmet. Cool, oder?

Ich lade dich ein, einige Ich-muss-Sätze, von denen du glaubst, dass sie wahr sind, zu überprüfen. Entscheide dich dafür, in Zukunft etwas achtsamer mit solchen Sätzen umzugehen. Dir zuliebe!

Tausche „Ich muss" gegen „Ich will" bzw. „Ich werde jetzt", „Ich mache dann". Du wirst merken, wie mächtig die Veränderung in deinem Leben spürbar ist und wie sehr du an Selbstwert gewinnst.

„Ich werde jetzt dann heimfahren und die Kinder versorgen", „Am Abend werde ich die Wäsche bügeln", „Ich will lieber mit dir ins Kino gehen, werde jedoch heute daheim bleiben", „Ich könnte schon, doch ich will heute die Buchhaltung fertig machen!" Spürst du es? Und das Geld für deine Arbeit *willst* du ja, die frische Wäsche *willst* du auch, die Kinder *willst* du aufziehen.

Eine Situation wie die folgende haben schon viele erlebt: Du bist unterwegs mit Freunden, und plötzlich taucht der Gedanke auf: „Ich muss jetzt heimgehen! Ich muss mich ausschlafen, denn morgen muss ich zu einer wichtigen Besprechung. Und wenn ich nicht mindestens sechs Stunden schlafe, dann ..." Ist das wahr? *Musst* du jetzt heimgehen? In so einer Situation würde „*Ich will* jetzt heimgehen" oft nicht passen. Denn irgendetwas in dir möchte ja noch bleiben, weil es lustig oder interessant ist. Dann kannst du sagen: „Ich werde jetzt heimfahren." Oder einfach: „Ich fahre jetzt heim." Das fühlt sich viel besser an und zeigt, dass du es entscheidest und du die Verantwortung dafür übernimmst. Wenn du schon sehr schneidig bist, kannst du auch bewusst entscheiden: „Ich trinke noch ein Achterl und danach gehe ich!" Dann hast du deinem Verstand doppelt gezeigt, dass du der Chef bist und nicht er! Am nächsten Morgen wirst du sehen, dass du es überlebt hast, früher gegangen zu sein, auch wenn es noch so lustig war, dass das Leben weitergeht und ein spannender Tag auf dich wartet. Du hast die freie Wahl! Nimm sie!

Das Leben ist interessant und spannend – immer!

Bist du schon bereit, dich für die Überlegung aus dieser Überschrift zu öffnen? Ich finde die beiden Wörter einfach genial! Spannend – interessant. Allein die Bewusstheit, dass ich mit diesen Wörtern fast immer mein Leben beschreiben kann, fühlt sich großartig an.

Ich weiß, dein Kopf hat schon wieder einen kleinen Einwand. Was ist an meinem Leben schon interessant, was soll da spannend sein? Aber du musst deinem Kopf nicht alles glauben. Allein wenn du einige Wörter deiner üblichen Beurteilung durch diese ersetzt, wird sich vieles in deinem Leben verwandeln. „Das ist ja spannend, was hier gerade vor mir passiert!" macht völlig andere Gefühle als „Was ist denn das wieder für ein Unsinn?", „Was macht denn der Verrückte heute wieder?", „Wie kann sie mich nur so verletzen?". Ein Satz wie „Ist das nicht interessant, was ich hier gerade erlebe?" fühlt sich körperlich doch gleich völlig anders an, und er ist viel zutreffender als die anderen Sätze. Dies ist durchaus nicht schwierig. Ein wenig ungewohnt oder unüblich – ja! Aber es ist eine ausgesprochen lohnenswerte Übung, zu der ich dich sehr ermutigen will. Chancen dafür bekommst du täglich hundertmal. Das kann echt Spaß machen.

„Das ist ja interessant! Wie spannend ist das denn!" Diese Sätze beschreiben eine gewisse Neugier, und deshalb wirst du allein dadurch wieder neugierig auf das Leben, neugierig auf dich! Ich habe für mich die Erfahrung gemacht, dass es gar nicht so aufregend und spannend ist, WAS in meinem Leben *passiert*, sondern vielmehr WAS es mit mir *macht*, wenn etwas passiert! In weiterer Folge ist es dann interessant, sich zu fragen: „Wozu passiert mir das jetzt gerade?", „Was kann ich aus dieser Situation jetzt lernen?". Indem du wieder neugierig auf dich wirst, erzeugst du eine positive Spannung dazu, wie es weitergehen wird. Es öffnet dich für Neues, eventuell sogar Unerwartetes, anstelle des permanent Gleichen, dessen, was du ohnehin schon kennst und was dich langweilt und nervt.

Beweise deinem Verstand, dass du der Chef bist, dass du es bist, der Anordnungen und Entscheidungen trifft. Entscheide dich für diese neue Art der Beurteilung und ernte die unglaubliche Belohnung dafür. Es ist doch interessant, dass mich bestimmte Dinge immer wieder aufregen. Spannend, dass mich dieses Verhalten meines Kindes so aufregt. Wow – wie kommt das? Und woher? Sei neugierig auf dich und das Leben, denn kein Tag gleicht in Wahrheit dem anderen, keine Situation der vorherigen. Die Vielfalt der Kombinationen ist grenzenlos und immer neu. Orte, Personen, Zeitpunkte, meine momentane Verfassung, die Verfassung meines Gegenübers ... in genau dieser Konstellation noch nie dagewesen, nie wiederholbar. Einfach spannend und interessant!

Von Ärger und Wut

Kennst du Menschen, die dich so richtig wütend machen können? Die Ärger in dir hochholen? Oft blitzartig? Oder gibt es gewisse Umstände oder Ereignisse, die dich jedes Mal erneut aufregen? Ist das nicht „interessant"?

Ärger und Wut gehören zu den unangenehmsten und heftigsten Emotionen. Besonders deshalb, weil sie sehr oft in Erscheinung treten und fast jeden Menschen betreffen. Was sehr spannend dabei ist, ist, dass wir sogar auf uns selbst oft wütend und ärgerlich sind, sich unsere eigenen Emotionen also auch gegen uns selbst richten. Oft fühlen wir uns diesen Gefühlen gegenüber hilflos und machtlos ausgeliefert. Doch das entspricht zweifelsfrei nicht der Wahrheit! Du kannst dich jetzt schon darauf einstellen, dass diese Hilflosigkeit keine Tatsache ist, sondern eine leicht veränderbare Möglichkeit, auf das Leben zu reagieren. Je klarer dir wird, dass diese Emotionen keine besonders guten oder befriedigenden Antworten geben, desto leichter wirst du dich davon lösen können. Denn dein Verstand weiß sogar jetzt schon, dass Ärger und Wut als Reaktionen auf das Leben nicht toll sind. Um ein näheres Verständnis dafür zu bekommen, wie es überhaupt dazu gekommen ist, dass dieses Programm oft so beherrschend ist und bei derart vielen Menschen auftaucht, erscheinen mir einige Erläuterungen notwendig. Wenn ich hier wieder von einem „Programm" spreche, meine ich damit übrigens, dass es ein anerlerntes, von anderen Menschen vorgelebtes Verhalten ist, das du – meist unbewusst – übernommen hast und das in dir eben diese Emotion auslöst! Zur vorübergehenden Beruhigung: Dass diese Gefühle hervorgerufen werden, ist völlig *normal*, jedoch vielleicht heute nicht mehr wünschenswert. In jedem Fall jedoch *leicht* veränderbar. Ich möchte dies wieder anhand eines Beispiels erläutern, und ich ersuche dich, mitzugehen, dabei wieder deinen Körper wahrzunehmen und deinen Verstand zu beobachten.

Im Normalfall, also wenn du ähnlich wie ich und viele andere Menschen erzogen wurdest, denkt unser Verstand, dass der oder die andere schuld daran ist, dass es mir gerade schlecht geht. „Hätte er sich anders verhalten, wäre ich jetzt nicht wütend", „Hätte sie jenes nicht gesagt, wäre ich jetzt nicht verärgert." Solange ich die alleinige Schuld für meinen Gefühlszustand bei meinem Gegenüber suche – und finde, was wir quasi immer tun –, fühle ich mich völlig abhängig! Abhängig von der handelnden Person oder den gegebenen Umständen, jedenfalls bleibe ich in der sogenannten „Ich kann ja nichts dafür"-Position. „Ich habe diese Unordnung nicht erschaffen, also bin ich nicht verantwortlich, die Unordnung macht mir ein schlechtes Gefühl, du bist schuld!" Diese Denkweise beschreibt immer Ohnmächtigkeit oder Ausgeliefertheit. Da dieses Zuschieben der Schuld jedoch keine Wahrheit ist, muss es sich auch schlecht anfühlen. Denn so ganz ohne mein Zutun kann mich niemand ärgern! Kannst du dir das schon vorstellen?

Ohne mein Zutun kann mich niemand ärgern! Wie fühlt sich das an?

Es gibt wahrscheinlich in deinem Leben ein paar Menschen, die gewisse Dinge zu dir sagen dürfen, ohne dass du gleich auf die Palme kletterst. „Na komm, du kleine Hexe ...", spornt dein Liebster dich vielleicht an, etwas mit ihm zu unternehmen. Der gleiche Satz von einer anderen Person gesprochen, wie vielleicht von einem vorlauten Arbeitskollegen, der auf deine roten Haare anspielt, bringt dich sofort in Rage. Wenn dem so ist, kann es also nicht mit dem Satz zusammenhängen, der dir entgegengebracht wurde, sondern mit deinem Verhalten bzw. deinen Gedanken gegenüber dieser Person. Dies ist schon der wichtigste Schritt, um Eigenverantwortung zu übernehmen, zumindest zu einem kleinen Bruchteil vorerst. Wen ich also glaube, dass eine Person etwas anderes sagen oder tun hätte sollen, als sie getan hat, ist dies der erste Grund, warum ich Ärger oder Wut in mir hochstarte. Denn würde es klar in mir verankert sein, dass jeder Mensch zu mir sagen darf, was er will, wäre meine Kränkung auf ein Minimum beschränkt. Noch dazu hat diese Person in diesem Moment ohnedies schon etwas gesagt, dieser Teil ist also schon passiert und in mein Leben getreten. Egal, ob ich das befürworte, akzeptiere, ablehne, kurz – als gut oder schlecht bewerte. Und nun komme ich ins Spiel. Wie beurteile ich das eben Erlebte? Denke ich mir: „Du darfst sagen, was immer du willst – ich werde mich dadurch nicht abgewertet fühlen und ich werde mich nicht ohnmächtig dem Gegenüber ausgeliefert verhalten!", „Du darfst sogar auch laut werden und zornig vor mir stehen, denn du tust es ja sowieso schon!" – dann weiß ich bereits, wie ich darauf reagieren möchte und werde. Nämlich sehr bewusst und auf mich achtend!

Wenn dein cholerischer Chef dich zur Schnecke macht, wütend und mit lauter Stimme vor dir steht, und du denkst dir: „Lustig, wie du aussiehst! Du bekommst sogar Schweißflecken, und wie dein Gesicht aussieht! Cool! Für mich brauchst du das nicht zu machen!" Was passiert dann mit deinem Körper? Welches Gefühl hättest du dann? Wenn du dir klarmachst, dass du ihm all das sogar sagen könntest (für die Mutigen unter euch!), was würde sich in deinem Leben alles verändern? Allein das Bewusstmachen, dass du das jetzt machen *könntest*, verhindert dein Ohnmachtsgefühl. Du würdest in dir ruhen, und nichts Schlimmes würde passieren. Doch auch hier würde dein Verstand wahrscheinlich widersprechen: „Aber dann wird er ja noch wütender!" Und ich sage dir, er darf wütender werden, und du bleibst bei dir und denkst: „Jetzt sieht er ja noch interessanter aus, wenn er so weitermacht, kippt er gleich um! Und das rote Gesicht, echt komisch!" Diese Art von Drohgebärden – laute Stimme, Körperspannung, Großmachen, etwas näher als normal an uns heranrücken – werden fast ausschließlich von sehr „unbewussten Menschen" verwendet. Das heißt, dein Gegenüber ist sich meist dessen, was er da gerade tut, nicht sehr bewusst. Denn kaum jemand würde freiwillig so viel Energie in etwas legen und seine Gesundheit derart aufs Spiel setzen, wenn er sich zum Beispiel dabei selbst zusehen würde. Du jedoch siehst ihm dabei zu, du beobachtest ein seltsames Spiel! Diese Drohgebärden haben wir aus unserer Kindheit als sehr unangenehm und schrecklich in Erinnerung, und genau diese Erinnerung taucht bei so einem Szenario wieder in uns auf. Meist vergessen wir in der Situation, dass wir heute und hier keine kleinen Kinder mehr sind und unsere Reaktion deshalb keineswegs erforderlich ist. Solange Menschen jedoch ängstlich und ohnmächtig auf so ein Verhalten reagieren, wie damals als Kind, und dann noch dazu funktionieren, also so reagieren und handeln, wie es der cholerische Chef erwartet, so lange werden Menschen immer wieder – bewusst oder unbewusst – diese Art der Kommunikation wählen. Würde es vielen Menschen gelingen, vor so einem Choleriker aufzustehen und zu sagen: „Solange Sie so laut und wütend sind, bin ich nicht bereit, Ihnen zuzuhören", und diese Worte mit einer spürbaren Entschlossenheit versehen, würde dieses Programm mehr und mehr verschwinden. Davon bin ich fest überzeugt! Ja, es braucht immer ein wenig Mut, um Klarheit zu leben.

Wenn du noch nicht so mutig bist, ist das völlig in Ordnung, aber es genügt, wenn du es dir denkst und weißt, du *könntest* jetzt so reagieren, wenn du wirklich möchtest. Es gibt wahrscheinlich, wie bei mir, auch in deinem Leben Tausende Situationen, in denen Wut und Ärger immer wieder aufgerufen werden. Ich unterscheide gerne zwischen hellgelbem, orangem und dunkelrotem Ärger! Also von ganz leicht bis ziemlich heftig. Dieses Programm funktioniert immer gleich, dein Körper meldet sich! Denke an solche Beispiele und nimm dir vorerst vielleicht die hellgelben Gefühlslagen vor, mit denen du experimentierst. Tritt dabei mutig auf, und du wirst sehen, wie dein Mut wächst, genauso wie dein Verlangen nach mehr Mutproben, da dich dein Erfolg stärkt.

Vielleicht bist du beim Einkaufen und stehst in der Warteschlange, sieben Leute vor dir, keine zweite Kassa offen, und ein Mann geht an dir vorbei und fragt die Person ganz vorne, ob er „vorgehen darf", weil er ja *nur zwei Sachen* gekauft hat. Die Person vorne hat von der Mama gelernt, dass sie nett sein soll, und willigt automatisch ein (ja, sie kann auch ganz bewusst einwilligen – das ist hier vollkommen egal). Meine Tochter sagte in so einer Situation einmal zu mir: „Papa, wir haben ja auch nur zwei Sachen!" ... Damit weckte sie mich damals aus meinem unbewussten Akzeptieren, obwohl ich schon gefühlt hatte, dass mich das Vordrängen selbst gestört hatte. Schließlich wollte ich genauso wie alle anderen möglichst rasch aus dem Geschäft kommen. Also sagte ich zu dem Vordränger: „Aber nicht vor mich! Ich wurde nicht gefragt, ob mir das auch recht ist! Wenn alle anderen vor mir nichts dagegen haben, okay. Ich habe etwas dagegen, dass Sie vor mir drankommen!" Wow! Das hat etwas ausgelöst ... sehr spannend ... völliger Tumult! Ganz plötzlich wollte niemand mehr, dass er sich vordrängt. Cool!

Wenn du auch wieder solche Erlebnisse in deinem Leben haben willst, tu etwas dafür! Schneidig sein? Ja! Kann es sich gut anfühlen? Ja! Musst du es tun? Nein! Wie erwähnt, schon der Gedanke daran, dass du jetzt so reagieren kannst, wenn du willst, befreit dich augenblicklich aus deiner Wut! Ist das nicht spannend? Seitdem gab es viele solcher Beispiele, und es kommt schon ab und zu vor, dass meine Tochter zu mir sagt: „Bitte Papa, tu es nicht!" – weil es ihr peinlich ist ... Fremdschämen nenne ich das – auch ein spannendes Programm! Kann man machen, muss man jedoch nicht!

WELCHE TIEFSTEN ÜBERZEUGUNGEN HAST DU ZU FOLGENDEN DREI FRAGEN?

Diese folgenden Übungen zu drei Fragen zählen für mich zu den allerwichtigsten, da sie mir Klarheit über mein Denken, meine Sichtweisen und Beurteilungen geben. Die dabei vorherrschenden Gedanken bestimmen nämlich mein ganzes Leben, meine Wirklichkeit und meine Realitätsgestaltung und vor allem mein Gefühlsleben!

In meinen Seminaren und Workshops ermutige ich die Teilnehmerinnen und Teilnehmer immer, Zettel und Stift zur Hand zu nehmen und alles aufzuschreiben, was in ihnen auftaucht. Keinen bestimmten Gedanken festzuhalten. Wenn einer auftaucht, aufschreiben, loslassen und auf den nächsten warten. Aufschreiben, loslassen, warten. Ganz gleichgültig, was kommt! Einfach schreiben. Nicht im Kopf herumspielen, sondern die Gedanken zu Papier bringen. Damit ist es manifestiert, jederzeit nachlesbar und zur Überprüfung auch nach längerem Zeitraum erhalten. Tu dir den Gefallen, es ist heilsam. Du kannst es jetzt gleich machen, abends, im Urlaub oder wenn du das Buch das zweite Mal liest. Hauptsache, du tust es!

1.) *Was denkt mein Verstand über mich?*
Diese Frage zielt darauf ab, zu erkennen, wie du dich selbst siehst und erlebst. Tritt einen Schritt zurück und *beobachte*

dich selbst. Lass jene Gedanken aufkommen, die bereits in dir *sind*, die dein Verstand irgendwann einmal abgespeichert und zu deinen innersten Überzeugungen erklärt hat. Wer bist du? Ein Körper? Oder vielleicht mehr? Was bist du? Ein wunderbares, zauberhaftes Wesen? Oder etwas anderes? Wie bist du? Entzückend? Zu dünn? ... Lass deine Gedanken bitte einfach laufen. Überprüfe und schreibe alle Dinge auf, die mit „Ich bin ..." beginnen. Diese Glaubenssätze gehören zu den wichtigsten und bestimmendsten in deinem Leben!

Ein paar Beispiele: Ich bin liebevoll, ich bin ein Choleriker, ich bin Single, ich bin naiv, ich bin zu klein, ich bin eine gute Köchin, ich bin allein, ich bin geradlinig ...

Die Gedanken dazu zu fassen kann eine Weile dauern, und das sollte es auch. Du kannst jeden Tag ein paar Dinge mehr dazuschreiben, wenn dir wieder etwas einfällt. Nichts davon ist unwichtig! Also schreib bitte alles auf, was da kommt!

2.) *Was denkt mein Verstand über „die anderen Menschen"?*
Lenke hier bitte deine Aufmerksamkeit besonders auf jene Gedanken, die oft in dir auftauchen, wenn andere Menschen in deiner Umgebung sind oder du etwas von anderen Menschen siehst oder über sie liest, das deine Gedanken bestätigt. Das kann insbesondere auch Gruppen, Völker, Gemeinschaften, Berufe usw. betreffen.

Beispiele: Politiker sind ..., Amerikaner sind ..., Friseurinnen sind ..., Vegetarier sind ..., mein Chef ist ..., mein Partner ist ..., meine Arbeitskollegin ist ..., mein Nachbar ...

Und da meine ich jetzt nicht: „Mein Partner *is(s)t* ... gerne ein Schnitzerl!" Ja, lach mal wieder! Es ist eine spannende Reise! Keine anstrengende Aufgabe – schon vergessen? Nur, falls du gerade sehr verbissen darüber nachdenkst ... es darf leicht sein!

3.) *Was denkt mein Verstand über das Leben (die Welt)?*
Auch hier solltest du sehr ehrlich antworten! Es ist ja nur eine Bestandsaufnahme. Nur so erkennst du deine momentane Ausgangslage, denn die ist sehr wichtig. Dein Glaube über diese Angelegenheiten bestimmt dein Leben. Er nimmt großen Einfluss auf fast alle Entscheidungen, die du triffst.

Wie ist das Leben? Ist es ungerecht? Kein Schokokuchen? Leicht? Schwer? Ist es eine harte Schule? Ein geiler Spielplatz? Oder eher eine Achterbahn? ...

Gibt es einen Gott? Eine Göttin? Bleibt etwas über, wenn dein Körper stirbt? Warst du schon einmal da? Hast du eine Seele? Wo ist die? Bist du Schöpfer oder Spielball? ...

Wann immer du dir eine Frage stellst, wird etwas in dir auftauchen. Irgendeine Antwort kommt immer! Auch wenn du es nicht gleich konkret weißt, so kommt eine Vorstellung hoch, die beschreibt, was du *eher* bereit bist zu glauben. Eben etwas, was deiner Vorstellung entspricht.

Ein Tipp noch: Beurteile das Ganze als Entdeckungsspiel, denn das ist es. Gehe auf eine sehr interessante Reise! Es geht dabei um etwas sehr, sehr Wichtiges! Es geht um *dich*! Wenn das nicht spannend ist? Ich war teilweise sehr überrascht von mir und dem, was mein Verstand so alles in mir denkt! Wow! Teilweise wunderschön, teilweise echt krass! Habe den Mut, dich kennenzulernen. Ich wünsche dir viel Spaß und Freude dabei!

Die Conclusio dabei ist, dass du nun mehr darüber weißt, wer du bist und wie du bist! Es verschafft dir Klarheit, warum du so bist, wie du eben jetzt bist, und es erklärt dir auch, warum in dir wann welche Emotionen ausgelöst werden. Ich habe kaum eine spannendere Reise in mein Innerstes gemacht als diese. Vielleicht nimmst du dir immer wieder einmal Zeit und liest diese Liste, korrigierst sie vielleicht von

Zeit zu Zeit, so bleibst du an dir dran! Beobachtest dich, deine Veränderungen im Innen und im Außen. So wirst du wieder Schöpfer und Beobachter deines Lebens, das, was du schon immer warst und bist!

WAS FRAUEN UND MÄNNER
IN DIE KRAFT BRINGT

I*n die Kraft bringen* steht hier für: Was deine Lebensenergie wieder richtig in Schwung bringt, wenn du dich vielleicht einmal ausgelaugt fühlst. Es geht um Energiequellen, die du jederzeit mühelos anzapfen kannst, um so richtig vollzutanken. Gratis! Die aus wissenschaftlicher, messbarer Sicht wichtigsten *Kernkraftwerke* möchte ich hier vorstellen, ohne direkten Bezug auf eine Rangordnung!

Wichtig ist es mir noch zu erwähnen: Das, was ich im Folgenden als das „Weibliche" oder das „Männliche" bezeichne, hat nichts damit zu tun, dass alle Frauen oder alle Männer sich so verhalten, wie ich das beschreibe. Es gibt sehr feminine Männer, genauso wie es maskuline Wesen unter den Frauen gibt. Damit meine ich nicht nur den Körper und das sichtbare Verhalten. Wenn eine Frau das Weibliche lebt und zeigt, wird es für Männer immer attraktiv sein, wenn ein Mann das Männliche lebt, werden es Frauen als attraktiv wahrnehmen. Selbst wenn es um Verhaltensweisen geht, die nicht als beliebt bzw. liebenswert beurteilt werden! Der Grund dafür liegt ganz schlicht darin, dass Attraktivität immer vom Sexualzentrum im Gehirn aus wahrgenommen wird. Ein sogenannter männlicher Frauenversteher erzeugt vielleicht beim weiblichen Geschlecht ein angenehmes Gefühl wie Geborgenheit, er ist jedoch meist nicht die erste Wahl für hemmungslosen Sex. Umgekehrt wird eine Frau, die mit einer Hand allein einen Heizkörper montieren kann, zwar Bewunderung für die Leistung beim männlichen Geschlecht ernten, jedoch kaum dadurch sexuelles Interesse im Mann erwecken. Die verschiedensten faszinierenden Aspekte und die unglaubliche Vielfalt der Mischungsverhältnisse würden hier in diesem Buch den Rahmen sprengen. Ich hoffe, du kannst dies als anspruchsvoller Leser oder anspruchsvolle Leserin dennoch so stehen lassen. Vielleicht finde ich in meinem nächsten Buch den Platz dafür. Zurück zum Wesentlichen.

Es geht darum, dass es – daran glaube ich ganz fest, auch wenn viele protestieren – nicht nur Angelerntes in uns gibt, sondern dass es ein weibliches und ein männliches Element oder Prinzip gibt, die einander ergänzen. Frauen und Männer tragen beide das Weibliche und das Männliche in sich – sie entstanden immer durch Mann und Frau. Meiner Beobachtung nach ist jedenfalls im großen Durchschnitt das weibliche Prinzip bei Frauen stärker ausgeprägt, während bei Männern das Männliche dominiert. Angelegt sind aber alle Wesensarten grundsätzlich in beiden Geschlechtern.

Ja, Frauen und Männer „ticken" im großen Durchschnitt jedenfalls recht unterschiedlich – für alle, die das noch nicht bemerkt haben. Oft gibt es, gerade in Beziehungen, deshalb viel Unverständnis und Stress. Oft verstehen wir das andere Geschlecht einfach nicht. Ich lade dich nun wieder ein, deinen Verstand beim Lesen des Folgenden zu *beobachten* – also das, was er dazu quasselt. Vielleicht kommen wieder Gedanken wie „Das ist doch ein Klischee!" oder „Bei mir ist das nicht so!". Dann lade ich dazu ein, diesen Gedanken einmal ganz ehrlich nochmals zu überprüfen. Meine folgenden Aussagen beruhen darauf, dass gewisse Tätigkeiten einfach das Männliche verstärken, andere das Weibliche. Und viele Varianten des Beschriebenen sind möglich. Schon gespannt? Na, dann los.

Das Weibliche wird gestärkt und genährt durch:
- das Drehen und Tanzen
- Gewänder, Tücher
- Körperberührungen (Massagen, streicheln, fühlen)
- Gerüche und Düfte (sei es Natur, Essenzen oder Spray)
- singen
- Zeit, die mit Frauen verbracht wird (ohne dabei Männer bzw. eigene Partner auszurichten!)

Die Geschichte mit Drehen und Tanzen ist wohl klar. Jedes kleine Mädchen dreht sich vor dem Spiegel, oft in Mamas Stöckelschuhen und noch mit einem großen Tuch als Kleid umgeschlungen. Am liebsten verkleidet, vielleicht gar als Prinzessin. Kinder leben uns vor, was wir Erwachsenen vergessen bzw. abtrainiert haben. Denn eigenartigerweise hatten eben all diese Mädchen kaum Mamas, die ihnen das vorgezeigt haben. Und die wenigsten Jungs drehen sich beim Einkauf sechsmal im Kreis, um zu sehen, ob die neue Hose passt.

Massagen, sanfte Berührungen aller Art, auch das Vorspiel gehört dazu, entfachen das Weibliche. Ebenso wie Einölen und Eincremen (allein oder mit mehreren), dem Körper etwas Gutes tun, Liebkosungen. Sehr mutige Frauen machen das auch untereinander. Zumindest beim Tanzen!

Tipp: Eine Untersuchung hat ergeben, dass Frauen, wenn sie sich unmittelbar nach der Arbeit duschen, eincremen, frisieren und etwas anderes anziehen, um ein Vielfaches besser gelaunt und entspannter sind. Viele Bekannte in meinem Umkreis haben dies für mich getestet und diese Vorgehensweise fix in ihren Alltag integriert. Dauert zehn Minuten!

Zu Gerüchen und Düften brauche ich nicht viel erklären. Die Duftindustrie gehört zu den Allermächtigsten und

Gewinnträchtigsten. Und wie viele Frauen kennst du, die nicht gerne an Blumen riechen und Düfte lieben? Singen? Karaoke-Bars? Popkonzerte? Sing-Star? Selbsterklärend. Dachte ich, bis die Einwände meiner Testleser ganz heftig kamen. Spannend! Bis ich den Denkfehler dahinter erkannte. Singen bringt den Körper in Schwingung, die Vibrationen, die dadurch entstehen, lösen etwas aus. Nicht gemeint ist damit, dass viele sich dafür schämen zu singen, schon gar nicht vor anderen Leuten, weil es ihnen peinlich ist oder weil ihnen jemand gesagt hat, dass sie nicht singen können. In Japan zum Beispiel sind die Karaoke-Bars meist voll mit Männern, die dort singen! Warum? Sie bringen dadurch das überharte Schaffen und Tun in Ausgleich mit ihrer weiblichen Seite! Es harmonisiert quasi ihren Energiehaushalt. Durch die enorm langen Arbeitszeiten und männlichen Tätigkeiten des Schaffens gibt es ein großes Manko dabei, die bei Männern genauso bestehenden weiblichen Bedürfnisse zu erfüllen.

Frauen unter Frauen verstärken das Weibliche, die weibliche Energie, um ein Vielfaches. Deshalb ist es wichtig, wenn Frauen auch untereinander viel Zeit verbringen. Dort können sie in „geschütztem Rahmen", also ohne von der „Männerwelt" abgelenkt zu sein, das tun, was sie am liebsten tun. Zu beobachten ist das schon in der Kindheit, wenn sich viele Mädels am liebsten im Zimmer einsperren, um zu tanzen, Musik zu hören und zu singen. Mein größter Wunsch dazu ist, dass Frauen wieder Frauen mögen, dass Frauen auch Frauen unterstützen und sich gegenseitig nähren.

Mein großer Wunsch an alle Frauen ist, dass diese unglaubliche „Stutenbissigkeit", die kein Klischee ist und bei der die Wissenschaft immer noch im Dunkeln tappt, woher sie kommt (wahrscheinlich Angst und Neid, keinen Mann zu bekommen), einfach aufhört bzw. immer weniger wird. Schon in den Schulen läuft das so. Oft gehört von Mädels:

„Wenn du mit Susi sprichst, dann bist du nicht mehr meine Freundin!" Das gegenseitige Schlechtreden und dauernde Kritisieren: „Was hat denn *sie* heute wieder an? Hat sie zugenommen? In ihrem Alter ... Und wie sie sich gestern wieder aufgeführt hat." Bitte hört auf damit! Vor allem euch zuliebe. Ihr schwächt damit alle Frauen!

Ich will damit übrigens nicht sagen, dass Männer nicht auch klatschen und übereinander herziehen, aber meiner Erfahrung nach überwiegt dies klar bei den Frauen. Für alle, die mir hier nicht glauben oder folgen wollen: Probiert es einfach aus. Setzt euch in ein Kaffeehaus und hört einfach zu ... Ich bin gespannt auf eure Ergebnisse.

Um bösen Rezensionen über dieses Buch jetzt vorzubeugen, und falls das Thema „Konkurrenz unter Frauen" auch bei dir massiven Widerstand ausgelöst hat, möchte ich darauf noch ein wenig genauer eingehen. Dass es diese Konkurrenz zwischen Frauen gibt, ist eine Tatsache, dass sie oft heftig ist, ebenfalls. Und ja, es gibt Männer und Frauen mit diesem Verhalten, bei Frauen lediglich anders ausgeprägt. Dass es neue Frauennetzwerke gibt, die sich auf einen neuen, weiblichen Weg begeben, ist aber ebenso beobachtbar!

Doch in der Kindheit und den Jugendjahren erfuhren wir alle, Mädels und Jungs, viel Konkurrenz. Entstanden durch unser „Bildungssystem" im Kindergarten und besonders während der Schulzeit. Meiner Meinung nach sind das jene Orte, die den größten Nährboden für Konkurrenz in unserer Gesellschaft darstellen. (Mehr dazu möchte ich in meinem nächsten Buch schreiben, denn dies ist ein enorm umfassendes, gesellschaftspolitisches Thema, das hier den Rahmen sprengen würde.) Die momentane Unruhe und Ratlosigkeit im Bildungssektor ist ja schon überall spürbar.

Seit jeher, und das dominiert eben auch heute unser Bild, ist jedenfalls für das männliche Prinzip Konkurrenz und Kämpfen völlig normal. Für das weibliche, harmonische Prinzip jedoch nicht! Sieh diesen Absatz bitte nur als Denkanstoß – Danke! Nun also weiter …

Das Männliche wird gestärkt und genährt durch:
- das Zentrieren
- das Fokussieren
- am Lagerfeuer sitzen – ins Feuer schauen
- mit den Händen etwas schaffen
- Zeit, die mit Männern verbracht wird (ohne dabei über Frauen bzw. eigene Partnerinnen herzuziehen!)

Meditieren also! Das Nach-innen-Gehen. Meditation ist zutiefst männlich. In Indien oder im asiatischen Lebensraum wirst du kaum eine Frau finden, die meditiert. Und wenn sie es tut, meist nur über einen sehr kurzen Zeitraum, denn sie ist sich dessen bewusst, dass dies eine im höchsten Maße testosteronproduzierende Tätigkeit ist. Frauen, die dies über einen langen Zeitraum intensiv tun, sehen meist entsprechend aus, da sich dies auch auf körperlicher Ebene niederschlägt. Das heißt für Frauen nicht „Finger weg", jedoch vielleicht nicht so lange – dem Weiblichen zuliebe! Und bitte nur, wenn es sich bequem anfühlt, nicht wenn der Körper beim Sitzen schon schmerzt.

Alles, was ein Ziel hat, wird erst fokussiert. Sei es das Reh oder eine Zielscheibe, die Playstation oder eine japanische Kampfsportart. Männer konzentrieren sich auf ein klares Ziel, das umgesetzt werden soll, sowie auf die eine Frau, die vielleicht einmal Partnerin wird. Auch Fernsehen ist ein fokussiertes Verhalten, das Starren auf die Mattscheibe. (Man(n) sollte nur darauf achten, *was* er sich da reinzieht, und es müssen ja nicht vier Stunden am Tag sein!)

Lagerfeuer: Die Zeit der Lagerfeuer ist leider schon vorbei und wird nur mehr sehr vereinzelt, dann jedoch bei Jungs sehr willkommen, praktiziert. Das Starren ins Feuer wird heute durch einiges ersetzt. Zum Beispiel durch Fußballstadien. 60.000 Männer im ovalen Stadion grölen und feiern, einen kleinen Ball fixierend, fast zwei Stunden. Das bringt Männer in die Kraft, in das Gefühl, Mann sein zu dürfen! Dabei ist für mich immer wieder erstaunlich, dass Tausende Männer, die alle glauben und wahrscheinlich damit recht haben, dass sie nicht singen können, dann ziemlich gute Gesamtklänge produzieren. Denn ab einer gewissen Menge an Stimmen, von denen viele zu hoch oder zu niedrig sind, gleicht sich das anscheinend irgendwie aus – faszinierend!

Etwas zu produzieren, und sei es nur einen kleinen Spitz in einen Ast zu schnitzen, um damit eine Grillwurst aufzuspießen, kann schon ziemlich toll für einen Mann sein. Ganz zu schweigen davon, was Männer alles in dieser Welt geschaffen haben. Sie haben gegraben und erbaut, erfunden und gebastelt. Fast alle Dinge, an denen sich auch Frauen heute erfreuen, wurden von Männern gemacht. Ob Häuser, Straßen oder iPhones, Waschmaschinen oder Föns, Geschirrspüler und Juwelen – die Liste ist endlos.

Appell hier an die Frauen: Bitte berücksichtigt das in eurem Männerbild, so oft es geht! Es gibt euch vielleicht ein Gefühl der Dankbarkeit an die Spezies Mann!

Appell an die Männer: Verehrt das Weibliche! Damit meine ich natürlich die Frauen selbst, jedoch auch die Natur, die Erde, die Rhythmen, die Intuition, den Sinn für das Schöne, die Künste …

Mein persönlicher Tipp noch an die Männer: Ich behaupte, dass es gar nicht notwendig ist, Frauen zu verstehen – wir sollen sie einfach nur lieben!

Wozu habe ich eine Beziehung?

Die Frage, warum man eine Beziehung führt, sollte man sich immer wieder stellen – nicht nur, wenn man sich selbst schon am Ende der Beziehung sieht. „Beziehung ist ein ständiges Geben und Nehmen" – höre ich immer wieder in meiner Praxis. Die Aussage dahinter lautet in Wahrheit oft: „Ich gebe immer und der andere nimmt immer!" Es ist eigenartig, aber beobachte einmal: Derjenige in der Beziehung, der *nicht* glaubt, dass er mehr gibt, wird diesen Satz nie verwenden!

Wenn du eine glückliche(re) oder überhaupt eine Beziehung anstrebst, dann solltest du dir diese Frage genau und ehrlich beantworten, denn dann weißt du, warum deine Beziehung so ist, wie sie eben ist. Was denkst du, sind die häufigsten Antworten auf diese Frage? Was sind deine Antworten?

Jedenfalls sind sie sehr vielfältig, wie wir später noch sehen werden, und ja, sie sind auch meist geschlechtsbezogen unterschiedlich. So eine Überraschung! Jetzt wäre es toll, wenn du das Buch kurz zuklappst und dir die Frage stellst! Bitte tu es – jetzt! Ehe du weiterliest ... Wenn du etwas zum Aufschreiben dabeihast, dann schreib deine Antworten auf. Lass dir Zeit – jetzt!

Und? Fündig geworden? Sind Antworten aufgetaucht?

Warst du überrascht, was da alles gekommen ist? Überprüfe einmal, ob Folgendes dabei war:
- Ich will mich durch meinen Partner besser erfahren und kennenlernen.
- Ich will meinen Partner entdecken und nicht verändern.
- Ich will für meinen Partner ein guter Beitrag sein, wenn ich mich dabei nicht selbst verraten muss.
- Ich kann mit einem Partner Geheimnisse und Emotionen an mir entdecken, die ich alleine niemals auf diese Art erleben könnte.
- Ich werde, auch wenn ich in einer Beziehung lebe, zu 100 Prozent für mich Verantwortung übernehmen – vor allem auch für mein Glück, denn ich weiß, das ist *mein* Job!
- Ich werde mich in der Beziehung nicht kleiner machen, um hineinzupassen, und erwarte dieselbe Haltung von meinem Partner.
- Ich will meinem Partner zuhören und das, was er mir erzählt, vertraulich behandeln.

Unterschiede zu deinen Antworten entdeckt? Nun, das ist nicht gut oder schlecht, aber wenn dies alles *nicht* vorgekommen ist, ist es wahrscheinlich noch eine *alte* Beziehungsform, die du lebst. Deshalb nun kurz die meistgenannten Antworten:
- Ich bin nicht gerne alleine, zu zweit etwas zu unternehmen ist lustiger.
- Ich liebe meinen Partner.
- Er gibt mir das Gefühl, dass er mich auch liebt bzw. mag.
- Das Leben ist billiger zu zweit (eine Waschmaschine, eine Miete, ein Auto …).
- Ab einem gewissen Alter ist man als Single nicht so anerkannt.
- Ich will Kinder.

- Ich will regelmäßig Sex mit einem Partner.
- Ich will, dass mich mein Partner glücklich macht.

Unter *alter* Beziehungsform meine ich übrigens jene Beziehungen, die derzeit überall brechen und scheitern. (Auch in Firmen! Besonders die Beziehungen der Angestellten untereinander innerhalb der Firma, jedoch auch die Geschäftsbeziehungen zu anderen Firmen und deren Mitarbeitern.) Ja, scheitern sollen und müssen sogar, weil sie auf Unwahrheiten und Denkfehlern aufgebaut sind. Es sind diese Handelsgesellschaften. „Ich liebe dich so lange, solange du mich auch zurückliebst!", „Wenn du zuerst lieb bist, dann bin ich es auch wieder!", „Wenn du den Mistkübel ausleerst, koche ich dir etwas." Diese Beziehungen basieren auf ständigem Tauschhandel, wobei vielleicht noch aufgerechnet wird, dass Kochen so viel wert ist wie dreimal Mistkübel ausleeren. Diese Beziehung ist dann eine gut organisierte Lebensform, meist eine Zweckgemeinschaft, gegen die es grundsätzlich keinen Einwand gibt – wenn sie dich wirklich glücklich macht!?! Es geht dabei mehr um eine gegenseitige Bedürfnisbefriedigung, bei der viele Handlungen gesetzt werden, die nicht der Liebe entspringen, schon gar nicht der Selbstliebe. Meist handelt es sich um zwei „hungrige Kinder", die sich, um Zuneigung und Liebe zu erhalten, ziemlich oft verbiegen.

Vielleicht gibt dir das folgende Kapitel einen näheren Einblick.

Die grössten Irrtümer in Beziehungen

Mein Partner soll mich glücklich machen

Diese Aussage ist aus meiner Sicht der größte Denkfehler! *Dich* glücklich zu machen ist *dein* Job! Ich behaupte sogar, dass dich dein Partner gar nicht glücklich machen kann. Wie sollte er das machen? Er braucht dich dazu und dass du „Ja" sagst, zu dem, was er mit dir machen bzw. unternehmen will. Ohne deine Einwilligung, Akzeptanz und eine positive Bewertung dessen, was er dir anbietet, hat er keine Chance, in dir glückliche Gefühle auszulösen! Wenn du keinen Gefallen an seinem Angebot oder seiner Leistung findest, wird er dich eher unglücklich machen, doch auch dazu ist er in Wahrheit nicht in der Lage.

Jetzt meldet sich dein Verstand wahrscheinlich mit einem groben Widerstand, oder? – Das ist *völlig normal*!

Ich gebe dir ein Beispiel zur Verdeutlichung: Nehmen wir an, dein Partner weiß schon aus Erfahrung, dass du gerne gestreichelt wirst. Wenn er allerdings um 4.00 Uhr früh mit ein paar Bierchen zu viel intus heimkommt und dich streicheln will – macht dich das dann glücklich? Oder ein anderes Beispiel: Du weißt, dass dein Partner gerne Schnitzel isst. Aus lauter Liebe kochst du ihm nun jeden Tag Schnitzel. Natürlich damit er glücklich wird. Dämmert es? Egal, was du scheinbar für deinen Partner tust, er selbst wird letztlich entscheiden, ob ihn das glücklich macht. Und zwar ist das *immer* so! Wenn er dich sehr liebt und oft mit dir Sex haben will, vielleicht öfter als du – wie sieht es dann aus? Macht dich Sex dann glücklich?

Bei diesem Beispiel fällt mir gerade ein: Wie reagierst du in so einer Situation? Mit Kopfweh? „Nein, heute nicht!" oder „Ich hatte heute einen anstrengenden Tag!". Reagierst du also mit Ablehnung? Oder lässt du es sogar über dich ergehen, auch wenn du keine Lust hast? Vielleicht nach drei Wochen oder Monaten ohne Sex? Die beste Antwort, um sich selbst treu zu sein, also nicht gegen den eigenen Willen zu handeln, ist: „Ich danke dir, dass du mich begehrst, *und* nein, heute bitte nicht." Oder: „Schön, dass du mir das anbietest *und* ich bin heute zu müde." Am wichtigsten erscheint mir dabei die Würdigung des Angebots, denn schließlich wolltest du das, was dein Partner dir anbietet, ja wahrscheinlich schon öfter haben und hast es auch genossen.

Das verbindende Wörtchen *und* kann vieles retten … Mit dem trennenden Wort *aber* sieht es nämlich folgendermaßen aus – ich lade dich wieder ein, dich in diesen Satz hineinzufühlen: „Meine Nachbarin ist ja ganz nett, *aber* meist ist sie unmöglich!" Bei den meisten Menschen bleibt in diesem Fall lediglich hängen, dass sie unmöglich ist. Ich glaube, dass der Hauptsatz immer nach dem *aber* kommt. Darin steckt die Botschaft, die ich tatsächlich vermitteln will! Aber das nur so als Bonus nebenbei.

Dich glücklich machen kannst du also in Wahrheit nur selbst – und es ist *dein* Job! Je ehrlicher und authentischer du lebst und dich in jeder Situation gibst, desto besser. Ermutige deinen Partner bitte dazu, das Gleiche zu tun. Anfangs ist das relativ hart. Es lohnt sich jedoch unglaublich! Je mehr Verantwortung du für dein Glücklichsein übernimmst, je mehr du deiner Wahrheit treu bleibst, desto weniger Stress hat dein Partner beim Erfüllen deiner Wünsche. Wenn du es sichtbar vorlebst, profitiert ihr beide in hohem Maße. Wenn dein Partner das Gefühl bekommt, dies auch selbst leben zu dürfen, schenkt ihr einander immer mehr Freiheit, so zu sein, wie ihr tatsächlich seid.

In einer Beziehung muss man viele Kompromisse machen

Hast du diesen Satz schon einmal gehört? Glaubst du ihn? Auch dieser Satz ist ein Denkfehler. Wahrscheinlich hattest du von Kindheit an kaum Menschen in deiner Umgebung, die verbreitet haben, dass du möglichst keine Kompromisse machen sollst.

Was ist ein Kompromiss? Beide an einer Entscheidung beteiligten Personen geben von der aus ihrer Sicht jeweils besten Möglichkeit etwas her. Ein Kompromiss erzeugt also bei genauer Betrachtung zwei Verlierer!

Ein Klassiker: Er will sich im Fernsehen sonntagnachmittags das Grand-Prix-Autorennen ansehen. Sie will nachmittags spazieren gehen, weil es so schön ist und ihm die Frischluft auch guttun würde. Wenn er mitgeht, dann ist er sauer, weil er nicht fernsehen kann. Sie kann den Ausflug auch nicht so genießen wie geplant, weil sie fühlt, dass er sauer ist und nur wegen ihr mitgegangen ist. Sie traut sich gar nicht, euphorisch ihre Glücksgefühle in der Natur zu beschreiben, weil sie merkt, dass er dann noch unbequemer wird – er wollte ja lieber fernsehen. Ein weiterer Klassiker: Kinobesuch! Gehen wir davon aus, dass sogar beide echt Bock auf Kino haben. Sie will einen Film mit George Clooney anschauen, er den neuen „James Bond". Kompromiss gefällig? Fühlbar? Verrate so selten wie irgendwie möglich dein Herz, denn dein Herz weiß immer, was du willst!

Was schon geht, ist, wenn der Partner einen Vorschlag hat, an den du eventuell noch gar nicht gedacht hast! Auch wenn du gerade bei einer anderen Sache bist: Wenn dir der Vorschlag deines Partners mindestens genauso gut wie die Sache, die du gerade tust, gefällt, dann wechsle! Du setzt dich gerade bequem in deinen Sessel und liest ein Buch. Du freust dich, dass du dir endlich Zeit dafür nimmst. Nun kommt dein Partner und schlägt dir vor, mit ihm Schwammerlsuchen zu gehen, weil Wetter und Zeitpunkt dafür gerade jetzt optimal sind. Auch diese Möglichkeit der Freizeitgestaltung erscheint dir reizvoll. Wenn du nun mit ihm mitgehst, wechselst du praktisch von einem freudigen Angebot zum nächsten. Das ist jedoch kein Kompromiss!

Was auch oft funktioniert, ist, beide Wünsche hintereinander zu erfüllen. Zuerst das Autorennen, dann der Spaziergang. Aber bitte nur, wenn sie auch wirklich gerne wartet und weiß, wie sie sich die Zeit bis dahin glücklich mit etwas anderem gestaltet! Sonst soll sie *jetzt* spazieren gehen! Man kann bei solchen bestimmten Nachmittagsveranstaltungen auch schon vormittags gemeinsam spazieren gehen.

Möglichst selten Kompromisse machen! Vielleicht kannst du dich dafür schon öffnen?

Bei meinen Workshopteilnehmern taucht hier immer wieder die Frage auf: „Was ist nun den schlecht an einem Kompromiss? Zum Beispiel: Sie will chinesisch essen gehen, er will eine Pizza, und man einigt sich schließlich auf gutbürgerliche Küche, die beide mögen? Ich meine, bei Dingen, die den Alltag betreffen – solange es ausgewogen ist und nicht einer sich immer nach dem anderen richtet: Was ist schlecht daran, gemeinsam Lösungen zu finden?"

Wie du mittlerweile weißt, liebe ich die Einwände deines Verstandes – sie zeigen mir, dass mein Buch „funktioniert"! – DANKE!

An einem Kompromiss ist dann etwas schlecht, wenn es sich schlecht anfühlt. Oft spüren wir das kaum, weil wir unseren Körper normalerweise zu wenig überprüfen!

Was tust du, wenn das, worauf ihr euch immer wieder einigt, (aus deiner Sicht!) nicht ausgewogen ist? Wie geht es dir dann? Was wäre zum Beispiel, aus deiner Sicht, schlecht daran, wenn ich mich stets nach dir richten würde? Würde es dich wütend machen? Hättest du keine Achtung mehr vor mir? Würdest du es mir *glauben,* dass ich das voll gerne mache, dass ich mich immer nach dir richte? ... Woher willst du das wissen? Nur weil DU es DIR nicht vorstellen kannst, dass es anders ist? Die Verstrickungen werden endlos sein – und: Du bist nicht bei dir, sondern in deinem Gegenüber, wo du nichts verloren hast.

Wenn ich immer lieb und nett bin und funktioniere, werde ich nicht verlassen

Was meine ich damit wieder? Auch wenn diese Aussage hier unter den Beziehungsirrtümern geführt wird, heißt das nicht, dass du zu deinem Schatz nicht mehr lieb sein sollst. Doch beobachte dich dabei, was deine wahren Beweggründe sind, wenn du lieb und nett bist. Ist es ein „um zu ..."? Möchtest du mit deinem Liebsein etwas erreichen? Sei es, dass dein Partner auch lieb zu dir ist oder dass du dadurch etwas leichter erreichst? Wenn deine Hauptmotivation ist, dass es dir so guttut, lieb zu sein, weil es wirklich das ist, was du in diesem Augenblick am Allerliebsten tust, dann ist das total in

Ordnung. Jede andere Art von Nettsein bringt dich aber ein Stück weit weg von dir selbst.

In meiner Praxis habe ich immer wieder Beispiele für dieses Verhalten. „Mein ganzes Leben war ich immer nett, habe alles runtergeschluckt und mich verbogen, habe mitgespielt und war dennoch lieb, auch wenn ich es nicht ausgehalten habe. Ich habe alles für ihn getan. Und jetzt? Er verlässt mich …", „Er hat mich betrogen. Obwohl ich immer so nachsichtig war und mich zurückgenommen habe, damit es ihm gut geht." Und ich sage dann darauf: „Das ist sehr sinnvoll, dass dies passiert!"

Denn auch dieses Verlassenwerden ist nur ein Spiegel deiner Realität. In Wahrheit haben wir uns dabei selbst verlassen, Stück für Stück. Es ist eine Form von Selbstbetrug, immer wieder Dinge zu tun, die ich gar nicht tun will. Je länger und intensiver ich dies in meinem Leben mache, desto heftiger muss mir der Spiegel dies im Außen zeigen. Je mehr ich mich verlasse, desto mehr muss ich verlassen werden.

Eines der obersten Prinzipien, das wir in diesem Leben erkennen können, lautet: „Wie innen, so außen!" Wenn ich mich selbst nicht wertvoll fühle, muss mir das Universum, meine Menschen im Umfeld, dies auch ständig bestätigen. Wenn ich mich selbst oft belüge, muss ich auch oft von anderen belogen werden. Wenn ich glaube, dass es viele Idioten auf dieser Welt gibt, müssen sie auch bei mir vorbeischauen. Dies nur so als Erklärung.

Das Lieb-und-nett-sein-Programm ist sehr in uns verwurzelt. Zu oft mussten wir als Kinder den Schmerz verspüren, wenn wir abgelehnt wurden, weil wir nicht lieb und nett waren. Wir haben sehr schnell gelernt, unsere eigenen Bedürfnisse abzustellen, denn dann tat die Behandlung der Eltern nicht so weh. Wir haben unser Herz und unsere Gefühle abgestellt und sind in den Kopf gegangen. Das war der Ort, an dem die Zurückweisungen nicht so schmerzvoll waren. In dieser vollkommenen Abhängigkeit nach Zuneigung und Liebe war es besser, zu funktionieren. Brav, lieb, fleißig, nett. So sollten wir sein, dann waren wir sicher. Ich möchte auch hier unbedingt erwähnen, dass Eltern ihre Kinder nicht aus voller Absicht verletzen. Das ist das Spiel des Lebens. Jeder geht durch die Schule der Erziehung, und fast alle Eltern geben immer ihr Bestes!

Jetzt, als Erwachsener, darf ich das machen, wonach mir ist. Ich gehe sogar noch weiter und sage, das *sollst* du auch tun! Und ein Satz wie: „Ich habe jetzt keine Lust dazu!", darf ruhig einmal kommen. Du erweist dir dadurch einen großen Liebesdienst. Meist größer als den, den du erwartest, wenn du lieb zum Partner bist. Wenn ich meine Bedürfnisse immer zurückstelle, um zu gefallen oder irgendwo hineinzupassen, verlasse und verrate ich mich. Ich stehe nicht dazu, wie ich eben jetzt gerade bin. Natürlich meist aus Angst. Und Angst ist immer ein schlechter Ratgeber! Angst, nicht liebenswert genug zu sein, Angst, verlassen zu werden, Angst, allein zu sein, Angst, abgelehnt zu werden. Aber du brauchst dann nicht mehr vom Partner abgelehnt werden. Du hast es schon selbst getan – ganz allein! Und wenn dein Partner dich dann ebenfalls noch ablehnt, geht die Spirale krass nach unten. Deshalb sei wahrhaftig anstelle von lieb und nett, und du wirst den höchsten Lohn erhalten! Du wirst feststellen, dass dies ein unglaublich lohnenswertes Gefühl ist, das dich groß und stark macht. Im Außen verlassen worden, aber mir selbst treu geblieben! Fühle einmal in diesen Satz!

„TESTPERSONEN"

Ich liebe Testpersonen! Sie tauchen immer und überall in unserem Leben auf. Sie haben immer wieder eine andere Gestalt. Sie sind weiblich oder männlich, jung oder alt, dick oder dünn, sie begegnen uns oft nur einmal und andere wiederum fast täglich. Es können unsere Kinder sein, unsere Eltern und Großeltern, Verwandte, Bekannte, Arbeitskollegen, ein Verkäufer oder ein Käufer, kurz jeder Mensch, der mir in meinem Leben begegnet, ist in der Lage, meine ganz persönliche Testperson zu sein. Weißt du schon, worauf ich hinauswill? Ich glaube, wir leben in einer Welt voller Testpersonen! Sie schauen in meinem Leben vorbei und wollen von mir etwas wissen beziehungsweise mich in irgendeiner Art und Weise testen. Meist haben sie eine wichtige Botschaft für mich, und sie wollen sehen, ob ich diese Botschaft erkenne. Ganz einfach!

In vielen meiner Vorträge und Workshops ist die Befassung mit Testpersonen ein essenzieller Beitrag. Immer wieder bekomme ich tolle Feedbacks und lustige E-Mails von Teilnehmern, die mir ihre Erfahrungen mit dieser Übung schildern. Es ist quasi ein großes Geheimnis, das du kennen solltest, falls du dich schon dazu entschieden hast, ein glückliches Leben anzustreben. Diese Übung in den Alltag zu integrieren bedeutet für die meisten Menschen einen Quantensprung in Richtung „glücklich leben". Bist du schon neugierig, wer *deine* speziellen Testpersonen sind?

Deine persönlichen Testpersonen sind alle Menschen in

deinem Leben, die in dir unangenehme Emotionen aufrufen. Also jene, die dich so richtig wütend, traurig, enttäuscht, sauer, verrückt machen. Die, neben denen du dir klein vorkommst oder dich als Opfer fühlst, die in dir das Gefühl der Ohnmacht aufrufen, wo du dich ausgeliefert oder ungerecht behandelt fühlst. Kennst du ein paar Menschen dieser Gattung? Schreibe dir in Ruhe die Namen dieser Personen auf, oder wenn du den Namen nicht weißt, die Situationen, in denen du ihnen begegnet bist (der unfreundliche Junge im Einkaufszentrum, der Polizist am Hauptplatz, die Verkäuferin in der Boutique, mein Expartner, der Eisverkäufer, die Schwiegermutter, der Türsteher oder Mama und Papa). Du kannst das jetzt gleich machen oder wenn du wieder zu Hause bist – aber *tu* es! Es heilt ungemein. Du kannst die Liste auch noch nummerieren, je nach Heftigkeit oder Häufigkeit.

Wenn du es schaffst, all diesen Menschen den Titel „meine Testperson" zu geben, wird sich Spannendes in deinem Leben ereignen. Alles, was diese Person von dir wissen will, ist: „Bist du bereit, dass es dir jetzt wegen mir schlecht geht?" bzw. „Und was tust du jetzt?" Öffne dich für den Gedanken, dass diese Testperson nicht vorbeischaut, um dich zu ärgern oder dich traurig zu machen, sondern dass sie in Wahrheit ein Engel für dich ist, der eine wichtige Botschaft für dich hat. Er ist ein Türöffner in deine Freiheit, wenn du erkennst, dass du trotz seines Verhaltens immer Wahlfreiheit in dir besitzt, wie du auf ihn reagierst. Wenn du das als Wahrheit erkennst, werden die Testpersonen mehr und mehr aus deinem Leben verschwinden!

Horche bei diesen Gedanken nun wieder stark auf deinen Körper, fühle, was für einen Unterschied es macht, statt „dieser Idiot", „dieser unhöfliche Kerl", „dieses Arschloch", „diese Tussi", „die Tyrannin", „der Choleriker" ... – einfach „meine Testperson" zu denken.

Sollte so ein Mensch in deinem Leben auftauchen, bei dem du fühlst, dass er dich hinunterzieht oder fertigmacht, gib ihm diesen Titel: „Meine Testperson ist wieder da!" Viele Leute, die dies bereits tun, freuen sich schon wieder auf die nächste Testperson, weil sich das emotionale Ergebnis so wunderbar anfühlt. Jene, die über einen längeren Zeitraum so vorgehen, bestätigen, dass diese Testpersonen immer weniger werden, wie oben bereits erwähnt. Wenn dies der Fall ist, ist das eine Bestätigung dafür, dass die Übung integriert ist, denn die Entscheidung, Leute als Testpersonen zu begreifen, automatisiert sich mit der Zeit in deinem Unterbewusstsein. Diese neue Form der Beurteilung ersetzt die alte, herkömmliche. Dein Verstand hat momentan möglicherweise noch einen Widerstand gegen diese Art des Denkens oder kann sich das Ergebnis nicht so recht vorstellen. Aber *du* wirst es ihn ab nun lehren und es ihm erklären. Und bereite deinen Verstand gleich darauf vor, dass diese Veränderung nicht schwierig ist und du diese neue Art der Beurteilung auf jeden Fall durchziehen wirst – ganz gleich, was er anfangs dazu sagt! Du bist mächtiger als dein Verstand und deine Programme – lass sie das fühlen! Bereit für ein Beispiel? Okay!

Erinnere dich an eine Begebenheit in deinem Leben, wo dir jemand begegnet ist, der sich dir gegenüber „respektlos" verhalten hat. Wahrscheinlich musst du nicht allzu lange nachdenken, um so jemanden zu finden. Wie hast du dich gefühlt, als dies passierte? Vielleicht hat diese Person etwas Bestimmtes zu dir gesagt, was Wut in dir ausgelöst hat. Nun kannst du deinem Verstand ruhig kurz bestätigen, dass du ein Recht darauf hast, dass du dich aufgrund der Aussage dieser Person nicht respektiert fühlst ... aber ...

Die Person, die sich nun schlecht fühlt, das bist doch du, oder? Nicht derjenige, der die Respektlosigkeit geäußert hat! Soweit klar? Das ist nicht fair, denn eigentlich sollte es ja nun dem anderen schlecht gehen, nicht dir! Du hast ja

„nichts Böses gemacht", sondern der andere. Jetzt geht es aber dir schlecht! Hmmm … eben irgendwie unfair. Und diese Unfairness spüren wir ziemlich heftig.

Wenn du dich nun dafür entscheidest, in Zukunft in solchen Situationen besser auf dich aufzupassen, machst du Folgendes: Wenn du die Emotion wahrnimmst (also immer, wenn es in deinem Brustbereich eng oder druckvoll wird) und du dir gleich klarmachst, dass es sich nur um eine Testperson handelt, dann wirst du Großartiges bemerken. Dann steht jemand vor dir, der *etwas* sagt – vorerst ohne Beurteilung dessen, *was* er sagt oder *wie* er es sagt! Auch nicht *warum* er es sagt, denn davon hast du in Wirklichkeit ebenso keine Ahnung! Folge der Vorstellung, dass diese Testperson diesen Satz, wie immer er gelautet hat, nur aus einem einzigen Grund zu dir gesagt hat: „Er will testen, ob du bereit dafür bist, dass es dir wegen dieses Satzes jetzt schlecht geht!" – mehr nicht. Es gibt keinen einzigen Grund dafür, außer diesen! Wie fühlt sich das an? Diese Testpersonen wollen alle von dir nur wissen, ob du tatsächlich bereit bist, wegen eines Satzes zu leiden! Das ist ihre Mission. Sie wollen dich kennenlernen. Sie wollen wissen, wer du bist und wie du reagierst. Sie wollen dir nichts Böses! Ich weiß, das ist sehr ungewöhnlich und unüblich, so zu denken, aber es ist enorm wichtig, wenn du aus deinen sogenannten Dramen herauskommen willst.

Übrigens, weil dieser Einwand des Verstandes an dieser Stelle oft auftaucht: Wenn du bewusst in deiner Gelassenheit und Freiheit bleibst, heißt das nicht zwangsläufig, dass du blöd wirst, den Menschen nicht ernst nehmen darfst oder den Satz nicht hörst … er fühlt sich nur nicht so unangenehm an!

Wenn du es schaffst, bewusst und klar (möglichst oft) auf solche Situationen zu reagieren, wird dein Unterbewusstsein sehr rasch lernen. Oft genügen vier bis fünf Wiederholungen, sprich Erfahrungen, und dein altes Wutprogramm ist überschrieben und taucht viel, viel seltener auf! Es wird natürlich immer wieder solche Testpersonen geben, und sie werden kurzfristig in dir Wut auslösen, aber wenn du genau den Zeitpunkt, in dem dies passiert, wahrnimmst und dann die Entscheidung triffst: „Aha! Wieder eine Testperson!", wird dies bald ein Lächeln in dein Gesicht zaubern. Weil du jetzt schon weißt, dass du sehr bewusst auf diese Situation reagieren kannst, und zwar wie immer du willst. Das Gefühl, ausgeliefert oder ohnmächtig zu sein, verschwindet augenblicklich. Du fühlst dich stark, klar und der Situation gewachsen. Du weißt jetzt, wer du bist und wie du reagieren wirst.

„Mit mir nicht, mein Kleiner! Ich habe dich erkannt, du bist mein Tester! Und ich werde dir jetzt zeigen, dass ich mich nicht klein fühle neben dir, nicht schuldig, auch dass ich nicht bereit bin, mich schlecht zu fühlen, weil du dies zu mir gesagt hast! Ja, das werde ich dir jetzt beweisen! Ich bleibe in meiner Gelassenheit, egal, was du sagst zu mir! Du darfst auch laut sein oder wütend. Ich ziehe da sicher heute nicht mit! Denn ich bin wachsam und bewusst. Und auf keinen Fall dafür bereit, dass es mir wegen dir jetzt schlecht geht. Nein, danke! Ich weiß sogar, dass ich das bisher immer anders gemacht habe, aber heute nicht! Nicht mit mir! Heute übernehme ich die Verantwortung für meine Gefühle! Ich gebe sie nicht dir. Ich lasse die Verantwortung bei mir, denn nur dann bin ich in meinem Interesse handlungsfähig! Hallo, Testperson! Heute nicht, heute passe ich sehr gut auf mich auf. Ich höre auf meinen Körper, und wenn ich verspüre, dass es eng wird, erkenne ich dich – du meine Testperson! Yes! Ich habe nämlich entschieden, dass ich mich nicht mehr kleinmachen lasse, von niemandem, auch von dir nicht (lieber Partner, lieber Chef, liebe Schwiegermama ...). Lange genug bin ich nicht aufgewacht und habe gedacht, *du* seiest schuld daran, dass es mir schlecht geht. Das denke ich heute nicht mehr, denn ich weiß, es hat mit meinen Beurteilungen zu tun, mit meinem Denken. Früher habe ich gedacht, du bist ein Idiot, heute weiß ich, du bist eine Testperson, sonst nichts. Ich habe dich und dadurch mich erkannt! Großartig! Danke!"

Wie fühlt sich das an? Wie wäre es, wenn du dies oder Ähnliches denken würdest, wenn das nächste Mal so eine Testperson in deinem Leben auftaucht? Ich weiß, du kannst das! Es ist nicht schwierig, und es fühlt sich so geil an, dies zu tun! Nicht herablassend der Testperson gegenüber, sondern einfach nur klar und bewusst für dich selbst! Du kannst der Testperson durch deine Klarheit zeigen und sie spüren lassen, dass sie nicht mächtiger ist als du. Du hast die Verantwortung für deine Gefühle und Emotionen jetzt endgültig übernommen! Gratuliere!

Emotionen auslösen und sie testen dürfen alle Menschen, und das werden sie auch immer wieder tun. Das ist okay! Du wirst sie entlarven als das, was sie wirklich sind: Testpersonen!

Danke deinen Testpersonen

Du kannst später sogar noch weitergehen und diese Testpersonen segnen und ihnen danken! Warum? (Sagt dein Verstand vielleicht?) Genau diese Personen sind nämlich deine größten Engel. Sie können dich aus deinem Leid befreien, indem sie dir die Chance geben, dass du dich als das zeigst, was du bist. Ein großartiges, mächtiges und permanent schöpfendes Wesen, das Verantwortung für das eigene Leben und die Emotionen übernommen hat, die in dir schlummern. Da ist ein *Danke* schon angebracht, denke ich. Nur durch diese Testpersonen bekommst du immer wieder die Gelegenheit, der Welt zu zeigen und zu beweisen, dass du kein Spielball bist, der von anderen Menschen permanent herumgeschubst werden kann, wie sie das wollen. Nein, nicht mehr! Diese Zeit ist vorbei – mit deiner klaren Entscheidung: „Ich übernehme ab jetzt Verantwortung für meine Emotionen und für meine Gedanken! Denn ich habe erkannt, dass ich mir meine Gefühlswelt selbst erschaffe. Durch mein Denken und meine Beurteilungen. Ja, das bin ich! Jedes Mal, wenn ich dachte, du seiest ein Idiot, ging es mir schlecht. Ich fühlte mich klein und hilflos. Seit ich weiß, dass du nur meine Testperson bist, fühle ich mich stark und handlungsfähig. Danke, dass es dich gibt in meinem Leben. Ich habe meine Lektion durch dich gelernt und erkannt. Danke! Jetzt darfst du gehen und weitere Personen testen. Ich werde dich immer gleich erkennen, wenn du wieder bei mir vorbeischaust, falls du mich nochmals testen willst. Du darfst ruhig noch einmal kommen. Ich erwarte dich und werde dich entlarven! Danke!

Ich hoffe, du kannst es fühlen, wie unglaublich der Unterschied ist – auch körperlich. Warum? Weil es die Wahrheit ist, und Wahrheit fühlt sich immer gut an! Ich wünsche dir viel Spaß mit deinen Testpersonen. Es wird dir an Gelegenheiten nicht mangeln. Du wirst es schaffen! Und nun schreibe die Liste deiner Personen, falls du es noch nicht gemacht hast. Empfinde bereits jetzt die Vorfreude darauf, dass sie dir das nächste Mal begegnen. Denn nur dann kannst du der Welt beweisen, dass sie keine Macht mehr über dich haben.

Manche Teilnehmer der Workshops gehen die Kontaktliste in ihrem Handy durch. Das kannst du auch tun: einfach bei den Nummern und Namen hinspüren, ob sie Testpersonen sind. Ja, ein paar Nummern auf dem Handy oder gewisse E-Mail-Adressen können schon deine Emotionen auslösen. Spannend! Je nachdem, was dein Verstand bei der Nummer über die Person denkt, wird die dazu passende Emotion ausgelöst. Ist das Gefühl eher unangenehm, handelt es sich ab jetzt um eine *Testperson*! Und du wirst gut auf dich aufpassen, sehr gut sogar. Beim nächsten Kontakt darf diese Person sein, wie sie will, sagen, was sie will … du wirst wissen, dass sie nur zum Testen da ist. Sie will nur zwei Dinge von dir wissen. Weiß du sie noch?

„Bist du bereit, dass es dir wegen mir jetzt schlecht geht? Was tust du jetzt?"

Und deine Entscheidung steht, weil sie klar ist: „Nein, ich bin nicht bereit, dass es mir jetzt schlecht geht! Nicht wegen deines Verhaltens, nicht wegen deiner Worte! Denn du hast dies nicht gemacht, um mich zu kränken, damit ich mich schlecht fühle, mich als Opfer fühle, auch nicht, um mich kleinzumachen, sondern nur, um mich zu testen! Ich werde den Test bestehen – locker! Denn ich bin bewusst, wachsam und munter! Heute nicht! Ich freue mich auf dich – danke! Nur durch dich kann ich wachsen und wieder in das Gefühl kommen, wie mächtig ich bin. Ich habe dich entlarvt! Das fühlt sich richtig gut an – danke auch dafür!"

Vielleicht spürst du schon, weshalb ich Dankbarkeit immer wieder empfehle. Es fühlt sich einfach verdammt gut an, dankbar zu sein. Ich werde später noch näher erklären, wieso Dankbarkeit auf deinem täglichen To-do-Zettel stehen soll. Und dankbar können wir für so vieles sein und dadurch immer wieder das tolle Gefühl in uns selbst auslösen. Das kostet keine Kraft und hat einen hohen Belohnungswert. Gratis! Auch dies werden wir deinem Verstand noch klarmachen. Egal, ob er sich dagegen wehrt.

Doch nun mach eine kurze Pause und genieße das großartige Gefühl dessen, was du gerade gelesen hast. Spiele in deinen Gedanken durch, wie du dich verhalten wirst, wenn die nächste Testperson auftaucht. Spiele damit und merke, wie dein Körper davon begeistert ist.

Eine letzte Erinnerung noch: Schreibe die Liste! Ergänze sie nach Belieben und streiche jene Personen auch wieder heraus, bei denen du es schon einmal geschafft hast, ganz bei dir zu bleiben, in der Klarheit, dass es nur ein Test war!

Die innere Stimme

Wann immer du etwas erlebst, du eine Entscheidung treffen sollst, eine Aktion deinerseits ansteht, egal, wie wichtig oder belanglos, wirst du deine inneren Stimmen wahrnehmen. Der Einfachheit halber möchte ich hier zwei darstellen. Deinen Verstand und dein Körpergefühl. Die Kopfmenschen und die Herzmenschen. Das Bauchgefühl und der Geschichtenerzähler. Die Bezeichnungen sind vielfältig. Je bewusster du lebst, desto häufiger wirst du dies wahrnehmen. Je klarer du bist, desto aktiver wirst du dein nächstes Vorgehen und Verhalten wählen. Damit meine ich, dass du dein Denken, Sprechen und Tun bewusster wählen wirst. Du wirst den Körper wahrnehmen, vorrangig den vorderen Bereich, die Gedanken beobachten, berücksichtigen, eventuell einen anderen Gedanken fassen und abermals den Körper wahrnehmen. Diese Reihenfolge empfehle ich.

Solche bewussten Entscheidungen sind meist klar und im Normalfall frei von späteren Selbstgeißelungen. Wir sind gewohnt, sehr rasch auf alles zu reagieren, und dadurch handeln wir oft sehr unbewusst. In den meisten Menschen herrscht der Gedanke vor: „Ich habe keine Zeit!" Es wird auch niemand von dir verlangen, dass du immer alles vorher so gewissenhaft überprüfen musst. Dennoch empfehle ich sehr, zumindest damit anzufangen. Du wirst es neu, spannend und interessant finden. Du wirst dich auch wieder mächtiger fühlen und selbstbewusster, und dein Unterbewusstsein wird sehr schnell erkennen, dass dies gut für dich ist, und es bald automatisieren. Ein lohnenswertes Ziel, denke ich. Mittlerweile kenne ich viele Menschen in meinem Umfeld, die bereits mit großer Begeisterung genauer darauf achten, was sie denken, sprechen und tun. Sie halten zum Beispiel kurz inne, bevor sie eine Antwort geben. Es fühlt sich dann nicht mehr an wie aus der Pistole geschossen, sondern eben wie eine klare Entscheidung. Die Akzeptanz solcher Antworten ist dementsprechend hoch. Es genügt dabei oft, sich einfach selbst die gleiche Frage, die das Gegenüber unmittelbar zuvor gestellt hat, noch einmal zu stellen: „Will ich mir heute im Kino diesen Film mit dir ansehen?", „Will ich jetzt spazieren gehen?"

Oft sind unsere Gedanken, unser Sprechen und Tun von einer unbewussten Angst geleitet. Viele Antworten sind vorrangig davon bestimmt, das Gegenüber nicht zu verletzen oder vor den Kopf zu stoßen – mit einer ehrlichen Antwort. Doch, wie ich bereits festgestellt habe: Angst war noch nie ein guter Berater und wird es auch nie sein. Es fühlt sich gut an, mutige Entscheidungen zu treffen. Und mutig ist, dass ich zuerst eine Form von Angst erlebe und mich dennoch gegen sie entscheide! Deshalb möchte ich jene Menschen ermutigen, die ihre Angst immer noch als Feind betrachten: Versöhne dich mit deinen Ängsten! Behandle sie als Freunde, denn nur, wenn wir sie bewusst annehmen und uns ihnen stellen, sie in unser Leben integrieren, können sie sich in gute Berater wandeln.

Überprüfe, welche Ängste immer noch echte Berechtigung haben und welche du nicht mehr brauchst. Nimm deine Angst wahr, beobachte sie und frage dich, ob du sie wirklich brauchst. Wenn du innerlich zutiefst weißt, was du am liebsten tun willst, sei mutig und gehe einen Schritt hinein in deine Angst und stell dich ihr, tu einfach das, wovor du Angst hast! Mach wildfremden Menschen Komplimente, sei öfter nicht normal, sogar ein wenig verrückt vielleicht. „Blamiere dich täglich", und du wirst erleben, wie viel gute Energie dir zuteil wird.

Angst ist wie ein Warnschild, das dir mitteilt, dass du nun deine Komfortzone verlässt und dich der nächste Schritt in ein relativ unbekanntes Land führt. Mehr nicht! Angst weist dich darauf hin, dass du verletzt werden könntest oder ausgelacht. Diese Angst meint es gut mit dir und sie will dich schützen. Angst als körperlich unangenehme Erfahrung kommt und geht, aber sie bringt dich nicht um – niemals! Je öfter du deinem Verstand erlaubst, dir einen Film darüber zu zeigen, was alles im schlimmsten Fall passieren könnte, und du diesen Film nicht unterbrichst, desto mehr wird dein Angstzentrum immer und immer wieder stimuliert und es wächst und wächst. So entstehen ängstliche Menschen. Denn dein Verstand wird immer etwas finden, was bedrohlich erscheint, das ist sein Job als Überlebenssicherer! Wenn du es schaffst, die körperlichen Symptome von Angst willkommen zu heißen (sie sind ja dann sowieso schon da!), und du dich dennoch auf dein Ziel ausrichten und konzentrieren kannst, wirst du den Schritt wagen! Genialste Erfahrungen werden daraus entstehen. Warst du schon einmal auf einer großen Hochzeit oder Geburtstagsfeier, bei der dann für ein Spiel Freiwillige gesucht werden? Ja, das ist der Moment, in dem alle den Blickkontakt zum Suchenden vermeiden, in der Handtasche kramen, sich die Nase putzen oder das Schuhband neu schnüren. Wo alle sich wieder erleichtert aufrichten, wenn verkündet wird: „Applaus für die mutige Sabine!" Diese mutige Sabine könntest du sein und du würdest wahrscheinlich anschließend tausend Komplimente dafür einheimsen, wie toll du warst. Die Leute würden dir beteuern, dass sie sich das nie getraut hätten! Fühlt sich richtig gut an – und du hast der restlichen Gemeinde durch deine freiwillige Meldung einen großen Dienst erwiesen, du bist ihr

Held! Du wirst es überleben und hast deine eigene Grenze durch eine geniale Erfahrung in deinem Leben erheblich erweitert! Nur so als Denkanstoß ... du wirst noch viele solcher Gelegenheiten bekommen. Wenn also Angst auftaucht, frage dich sehr bewusst: „Was will ich wirklich?" Mit dem richtigen Grund, deiner gefundenen Motivation, wirst du deinen Hemmschuh überwinden und das, was du wirklich willst, trotz des Widerstandes tun. Ein lohnendes Ziel ist der stärkste Motivator für einen Schritt in die richtige Richtung.

DAS SCHLECHTE GEWISSEN

Kennst du das „schlechte Gewissen"? Natürlich ist es auch wieder Konzept, nichts was tatsächlich existiert. Doch wir können es benennen, da wir es oft genug erklärt bekommen und dementsprechend geglaubt haben. Was ist das schlechte Gewissen nun wirklich? Es ist eine Art innerer Richter. Und es ist oft eine sehr mächtige Instanz in uns, welche die Macht hat, uns schuldig zu sprechen, und dafür sorgt, dass wir uns auch so fühlen. In einem Seminar sagte unlängst einmal ein Teilnehmer: „Das ist die Frau des Geschichtenerzählers!" Ich fand diese Beschreibung großartig und darf sie seither verwenden! (Du erinnerst dich vielleicht: Der Geschichtenerzähler ist dein Verstand, der dir immer Geschichten erzählt, wenn du ihn nicht beschäftigst.)

Dein schlechtes Gewissen urteilt in seiner Rechtsprechung über alles, was du jemals über Dinge, die *man nicht tut,* gehört hast! Was sich nicht gehört. Was ein sogenannter guter, ordentlicher, gewissenhafter, braver, netter Mensch nicht tut. Das war als Erziehungsmittel für Eltern sehr willkommen! Kaum wird jedoch nach der Zeit dieser vollkommenen Abhängigkeit zu den Eltern hinterfragt, was ich als erwachsener Mensch nun tatsächlich von all diesen Glaubenssätzen behalten will und was ich vielleicht nicht mehr brauche. Schon gar nicht mit der Zusatzfrage: „Macht mich das Behalten dieses Glaubenssatzes in meinem jetzigen Leben eher glücklich oder eher unglücklich?" Mit dieser Frage kommst du dir sehr schnell auf die Schliche, was du tatsächlich behalten willst und was du schon lange nicht mehr brauchst. Damit meine ich hauptsächlich Dinge, die deine Eltern schon nicht machten, weil *man* sie nicht tut. Wann warst du das letzte Mal nackt in deiner Küche? Machst du Liebe am helllichten Tag? Schmust du vor Kindern? Kannst du die halb vollen Weingläser auf dem Esstisch stehen lassen, um früher bei deinem Liebsten zu sein? Darfst du einmal drei Tage lang auf eine E-Mail nicht antworten, wenn du einfach keine Lust dazu hast? Ist es dir möglich, nicht gleich eine SMS zurückzusenden, wenn dein Schatzi dir schreibt? Kannst du deinem Papa sagen, dass er sich nicht mehr in dein Leben einmischen soll, weil du jetzt kein kleines Kind mehr bist, und wenn du Rat haben willst, ihn darum bitten wirst? Sagst du Nein, wenn du Nein meinst?

Werde achtsam und aufmerksam, wenn du merkst, dass sich dein schlechtes Gewissen meldet, und halte kurz inne! Stell dir die Frage, ob es jetzt wirklich ratsam ist, darauf zu hören. Ich empfehle immer wieder gerne: Schick deine inneren Richter öfter auf die Seychellen, lass sie ab und zu einfach großzügig Urlaub machen und vergewissere sie, dass du nun selbst auf dich aufpassen wirst, weil du schon groß bist! Du kannst selbst für dich entscheiden! Und du kannst und wirst mit den Konsequenzen klarkommen, weil du dir nun deine eigene Welt erschaffen willst und dich das alte eingeschränkte Tun nicht wirklich glücklich gemacht hat.

Die aus meiner Sicht mächtigsten Fragen für Klarheit meiner Entscheidungen sind:
- Was würde ich jetzt tun oder sagen, wenn ich ohne Angst wäre? (Wenn ich also keine Angst vor eventuellen negativen Konsequenzen hätte.)
- Wie würde ich jetzt entscheiden, wenn ich ganz sicher wüsste, dass mich genau diese Entscheidung sehr glücklich macht?
- Was würde die Liebe jetzt tun?

Mit diesen Überprüfungsfragen wirst du wahrscheinlich sehr rasch erkennen, in wie vielen Bereichen und Situationen deines Lebens du ganz anders entscheiden würdest als bisher.

Überprüfe bitte zusätzlich auch immer mit deinem Herzen bzw. deinem Körper, wie es sich anfühlen würde, diese sich nun bietende neue Reaktion zu wählen und durchzuführen. Dann stellt sich das Belohnungsgefühl zum Testen, wie genial diese neue Reaktion wäre, gleich einmal ein. Dich so zu verhalten ermutigt dich zusätzlich, diesen neuen Weg zu gehen! Als Ergänzung sei auch hier wieder erwähnt: Es ist gut für dich, und in Wirklichkeit auch für alle anderen Menschen, wenn du ohne Angst entscheidest und handelst! Denn nun bist du dir treu, Menschen lernen dich so kennen, wie du wirklich bist – dies ist ein großes Geschenk für alle! Du bist dann ein Geschenk für dich und für diese Welt!

Bleibe dir treu, denn diese Verbundenheit hält

B ei dem Thema „Treue sich selbst gegenüber" gibt es in meinen Workshops normalerweise immer äußerst spannende Diskussionen.

„Mir treu bleiben? Wie soll ich das machen? Ich kann doch unmöglich so egoistisch sein! Schon gar nicht, wenn ich Familie habe oder in einer Firma arbeite. Wie soll das gehen? Und was genau meinst du damit? Ab und zu bin ich mir ja treu, ab und zu nicht. Als Single geht das vielleicht noch eher! *Man* kann nicht immer sagen oder tun, was *man* gerade will."

Dazu gilt es zuerst zu erkennen, dass wir nicht nur ein Verhältnis oder eine Beziehung zu anderen Menschen haben, sondern auch zu uns selbst. Überrascht? Ja, du hast immer eine Beziehung mit dir und stehst stets in Bezug zu dir. Wie sehr kümmerst du dich in deinem Leben um diese Beziehung? Wie viel Zeit investierst du in diese Beziehung? Verbringst du täglich Zeit mit dir? Unterhältst du dich mit dir, hörst du dir zu? Kennst du dein Verhältnis zu dir? Wie denkst du über dich? Wofür magst du dich und wofür lehnst du dich ab? Im Kapitel „Welche tiefsten Überzeugungen hast du zu folgenden drei Fragen" hast du vielleicht die Übung schon gemacht und einige Erkenntnisse über dich aufgeschrieben.

Was heißt es nun wirklich, *mir treu bleiben*? Ich mache es mir einfach, indem ich mich frage: „Was ist das Gegenteil?"

Wenn ich das weiß, tue ich mir leichter, etwas zu beschreiben. Ich bekomme dann mehr Hinweise, die ich überprüfen kann. Vielleicht hast du ja eine andere Technik, die dir bei solchen Fragen dienlich ist. Bei mir ist jedenfalls noch vor der Untreue das Wort Verrat aufgetaucht. Spannend. Daraus folgere ich, dass ich mich immer verrate, wenn ich mir nicht treu bin. Das fühlt sich wirklich nicht gut an, bei mir zumindest. Das heißt jedes Mal, wenn ich etwas sage oder tue, was mir gerade nicht entspricht, verrate ich mich. Ich stelle etwas anderes dar, als mir meine innere Stimme, oder mein Herz, erzählt und vorschlägt. Das Leben stellt mir täglich sehr oft Situationen zur Verfügung, in denen ich mich mehr oder minder gezwungen fühle eine wichtige Entscheidung zu treffen. Ich würde das ungefähr so beschreiben: „Bist du bereit, dich selbst zu verraten, ehe du eventuell jemand anderen enttäuschst? Bist du bereit, klar und deutlich zu dir zu stehen, so wie du eben bist, oder tust du viele Dinge, um scheinbar bequemer durchs Leben zu kommen?“ Auch dieses Programm ist natürlich anerzogen und vorgelebt worden, und in deinem Umfeld wird es nach wie vor so sein. Ist es da nicht überraschend, dass wir immer hohen Respekt davor haben, wenn ein Mensch klar zu dem steht, was er tut oder sagt? Irgendetwas in uns bewundert solche Menschen. Der Kopf erklärt stets in Windeseile, warum wir etwas in unserem Leben jetzt besser nicht machen. Doch er erklärt uns nur einen Teil. Nämlich jenen Teil, was unser Verhalten wahrscheinlich mit den anderen Menschen macht und wie sie reagieren werden, doch er erklärt uns niemals, was es mit *uns* macht, wenn wir uns den anderen zuliebe nicht treu bleiben!

Ich möchte dich ermutigen, dir öfter die Frage zu stellen: „Was hindert mich daran, mir jetzt treu zu sein?“ – was beinhalten soll: Wieso sage ich jetzt nicht „Nein!“ oder „Nein, danke!“. Wieso rechtfertige ich mich immer für alles, was ich tue? Wieso ist es mir stets so wichtig, dass alle verstehen, warum ich auf eine bestimmte Weise reagiere? Dahinter steckt meist ein ziemlich großer Denkfehler. Er heißt: „Wenn ich jetzt meine Wahrheit sage oder tue, bin ich nicht liebenswert! Dann will die andere Person nichts mehr mit mir zu tun haben." Das ist natürlich eine Möglichkeit, die immer besteht.

Jedoch ... wenn du eine andere Entscheidung triffst, willst *du mit dir* nichts mehr zu tun haben! Das ist der Teil, den dein Verstand verschweigt, dein Herz jedoch spürt. *Dein Herz weiß mehr als dein Verstand!* Du merkst es immer, wenn du dich verstellst, dich verrätst, nicht die Wahrheit sagst. Du hast es noch nie verpasst! Und insgeheim verurteilst du dich jedes Mal dafür! Bei der anderen Version verurteilt dich möglicherweise dein Gegenüber. Aber wenn du in dir spüren kannst, dass du in einer Sache vollkommen aufrichtig warst und du auch mutig zu dir stehst, wie kann dich dann jemand verletzen?

Wir fügen uns letztendlich alle Schmerzen und Verletzungen selbst zu. Das ist eine unangenehme Wahrheit, jedoch nur zu Beginn, wenn man dies erkennt. Es beschert ein unglaubliches Gefühl der Freiheit, wenn man sich Stück für Stück mehr treu bleibt. Die befürchteten Konsequenzen sind so gut wie nie so hart, wie sie befürchtet werden. Und selbst wenn – du kannst in Wahrheit nur gewinnen. Jeder Akt des Dir-treu-Seins stärkt dich in deinem ganzen Wesen. Es macht dich mehr und mehr stolz auf dich, du richtest dich damit selbst wieder auf. Dies ist nämlich auch dein Job, wie du jetzt wahrscheinlich schon befürchtet hast. Jeder Zuspruch von außen hat keine Wirkung, wenn du ihn nicht selbst in deinem Inneren fühlen kannst. Das Gleiche gilt für Ablehnung. Für alles, was du tust, wofür du dich sehr magst, wo du voll dahinterstehst, kann und darf dich jeder ablehnen. Du wirst dazu stehen und es dennoch tun – um dir treu zu sein! Heirate dich! Schwöre dir selbst die Treue, wie ich es vor langer Zeit gemacht habe! (Dazu empfehle ich übrigens ein tolles Buch von Veit Lindau, den ich sehr schätze: „Heirate dich selbst!")

Mama, Papa, macht euch keinen Stress

Viele Eltern sind randvoll mit Ängsten, bei ihren Kindern ja alles „richtig" zu machen. Ihnen alles zu bieten, sich keine Fehler zu erlauben, ihnen immer zu helfen und alles Schlimme für sie aus dem Weg zu räumen. Sie machen das meist so lange, bis sie erkennen, dass das nicht funktioniert. Manche erkennen es, tun aber dennoch weiter, als wäre nichts passiert, viele ihr ganzes Leben lang.

„Einmal Mutter immer Mutter! Das werden immer meine kleinen Kinder sein." Oft gehört, oft tatsächlich gelebt. Diese Einstellung ist oft von viel Leid und Schmerz, großem Irrtum bis hin zur Selbstaufgabe, begleitet. Dieses Verhalten den Kindern gegenüber, auch den bereits erwachsenen, erfolgt meist nicht aus einer klaren Entscheidung heraus, auch nicht aus Treue zu sich selbst. Sondern häufig aus Angst! Der Angst, zu versagen, der Angst, keine gute Mama (kein guter Papa) zu sein, nicht zu entsprechen, *es* nicht zu schaffen. Bei vielen herrscht auch Angst darüber, was die anderen denken könnten, dass man keine gute Mutter sei, oder dass die eigene Mama denkt, man sei …

Dieser Bereich der Kindererziehung ist sehr komplex. Stell dir einmal die Fragen: Was kennzeichnet eine gute Mutter? Was kennzeichnet einen tollen Papa? Wie müsste ich sein, was sind meine Aufgaben, um dieses Prädikat zu erhalten? Am besten gelingt dies wieder mit Papier und Stift. Schreib einfach auf, welche Gedanken dazu in dir auftauchen. Und es wird eine Menge sein, also bitte mehrere Zettel mitnehmen. Es ist wieder sehr heilsam, wenn du das weißt von dir, was zutiefst in dir zu diesem Thema steckt, falls du ein Elternteil bist oder werden willst. Dann weißt du, was du zu tun hast bzw. was auf dich zukommt. Was gehört wirklich zu den Pflichten von Eltern?

Eltern haben schlichtweg die Aufgabe, das Überleben der Kinder bestmöglich zu sichern, bis diese das allein können. Oder zu erkennen, dass sie dazu nicht in der Lage sind und jemanden für die Kinder suchen, der dieser Aufgabe gewachsen ist.

Das war es schon. Alles andere ist ein Bonus. Ein Bonus, der natürlich erlaubt ist, aber eben eine Draufgabe. Essen, Trinken, nicht erfrieren. Doch da gab es einmal ein Experiment, von dem du vielleicht schon gehört hast. Dabei stellte man fest, dass es noch etwas dazu braucht, damit Kinder nicht sterben. Sie brauchen auch Aufmerksamkeit und Liebe! Wenn du das ebenfalls schenken kannst, dann hast du deinen Job als Elternteil gut erledigt. Dieser Zusatzteil wird meist in den ersten zwei bis drei Jahren gut gelebt, lässt jedoch mit zunehmendem Alter der Kinder sehr rasch nach. Eltern stellen sich dann oft die Frage: „Wie soll ich meinen Sohn lieben, wenn er doch …?" „Wie soll ich meiner Tochter Aufmerksamkeit schenken, wenn sie doch dauernd …?" Der Großteil der Eltern ist tatsächlich oft im Leben grob überfordert. Teilweise tritt diese Überforderung schon vor der Geburt ein, bei manchen erst später. Von anderen Eltern bekommt man dann noch als Trost: „Kleine Kinder, kleine Sorgen. Große Kinder, große Sorgen!" Sehr ermutigend, oder?

Was wollen die meisten Eltern für ihre Kinder?

Viele Eltern wollen sich über ihre Kinder verwirklichen. Oft sollen Kinder das erreichen oder schaffen, wozu die Eltern nicht fähig waren. „Meine Kinder sollen es einmal besser haben als ich. Sie sollen ein erfüllteres Leben haben als ich." So lauten nicht selten gedachte Wünsche von Eltern. Diese bleiben jedoch oft fromme Wünsche, ohne jeden Anhaltspunkt, was ein „erfülltes Leben" sein soll. Ist es diesen Eltern wirklich wichtig, dass die Kinder glücklich sind? Dass sie dieses Leben als ein tolles und fantastisches Leben fühlen können? Ermutigen sie ihre Nachkommen, auf ihre Herzenswünsche zu achten?

Viele Eltern wollen hauptsächlich, dass ihre Kinder möglichst schnell erfolgreich sind. Gemeint ist damit meist, dass sie sehr bald großartige Leistungen vollbringen, dass sie „Siegertypen" werden, besser und klüger sind als die Altersgenossen, dann schnell viel Geld verdienen und einen sogenannten sicheren Job ergattern. Es geht also häufig um all das, was die meisten Menschen als Erfolg bezeichnen. Nur wenige Eltern haben einen Vorsatz, der Bestand hat, wie: „Ich will, dass mein Kind eine tolle Kindheit hat! Ich will auf seine Stärken achten und es fördern und unterstützen. Ich werde es nicht nach meinen Vorstellungen, wie es werden sollte, erziehen!" Eine noch geringere Anzahl von Eltern nimmt sich vor, dass sie ihren Kindern ein echtes Vorbild sein wollen, und wenn, dann erfolgt dieses Vorbildsein meist aus eigenartigen Motiven heraus. „Ich will, dass mein Junge einmal so wird wie ich, damit er die Firma übernehmen kann!", oder ähnlich. Viele Menschen strampeln sich im Leben ständig ab, gehen Beschäftigungen nach, die sie eigentlich gar nicht machen wollen, führen Beziehungen, die sie nicht mehr ertragen, sind oberfleißig im Tun, sind sich selbst nicht treu, funktionieren nur noch, als wären sie selbst noch Kinder. „Oberfleißig im Tun" beschreibt hier das ständige unbewusste Irgendetwas-tun-damit-die-anderen-nicht-glauben-ich-hätte-nichts-zu-tun, also jene, die sich kaum einmal dabei von anderen sehen lassen, wie sie faulenzen, bzw. jene, die mit jedem Löffel und jeder Tasse sofort extra in die Küche laufen, um ja ganz ordentlich zu sein. Jene, für die einfach nur „rumhängen" absolut unerträglich ist. Kein Wunder, wenn dein Verstand jetzt fast ausrastet. Dies sind harte Zeilen, für fast jeden! Jetzt ist es sehr wichtig, dass du wieder nur deinen Verstand beobachtest und möglichst bewusst bleibst. Was sagt dir dein Verstand zu diesen Zeilen – du weißt ja schon, dass du nicht dein Verstand bist!

Natürlich erzählt er dir, dass es super ist, wenn dein drei-jähriges Kind bereits Klavierspielen lernt, in den englischen Kindergarten geht, im Tennisklub anfängt oder als Model gestylt wird. „Früh übt sich, wer ein Meister werden will!" – haben die meisten von uns sehr oft gehört. „Du musst es zu etwas bringen." „Später wirst du uns dankbar sein." „Nur wenn du schon sehr bald anfängst, kannst du es ein-mal schaffen, etwas ganz Großes zu werden." Da wir noch nicht wissen, was es genau sein soll, müssen wir die Kinder in der Volksschule zusätzlich zum Reiten, in den Chor, in die Ballettschule, in den Fußballverein, zum Englischkurs, zum Aerobic, ins Fitness-Studio, zur Nachhilfe, in den Beauty-Salon oder sonst etwas bringen. Die dazugehörigen Fahrdienste oder Begleitservices zählen zum Hauptstress der meisten Eltern, meist der Mütter. Viel Zeit und Geld, das meist woanders fehlt, wird in die Zukunft der Kinder inves-tiert. Sie brauchen Markenklamotten und Labels, um sich nicht minderwertig zu fühlen, viel Taschengeld, um ja nie *arm* zu erscheinen, und viele Erwachsene im Umfeld, um möglichst bald selbst wie ein Erwachsener zu sein – sich so zu verhalten, so zu reden, mitzudiskutieren ... Alles zu kön-nen, alles zu wissen, vernünftig zu sein, hart und nicht wehleidig, nicht verletzbar und ohne Angst. Dass ihre Kinder so sind, sind die Hauptwünsche der meisten Eltern.

Doch welcher Eltern? Was geht wahrscheinlich in solchen Eltern vor? „Das Leben ist hart! Wenn du nicht der Beste bist, hat das Leben nichts zu bieten. Du wirst keinen Job bekommen, immer am Hungertuch nagen, keine tollen Beziehungspartner finden, dein Leben lang Dinge tun müssen, die du nicht willst. – So wie ich!!"

Doch was wollen Kinder?

Was Kinder am meisten brauchen

Darüber, was Kinder am meisten brauchen, könnte man wahrscheinlich ein eigenes Buch schreiben, vielleicht mache ich das auch einmal. Doch ich will bei Kurzgeschichten bleiben und diesen Themenkreis möglichst knapp darstellen.

Kinder wollen strahlende Eltern! Eltern, die ihnen vorleben, dass dieses Leben ein wunderbares, einzigartiges, großartiges Geschenk ist. Dass es hier auf der Erde möglich ist, unglaubliche Gefühlserlebnisse zu erfahren, in alle Richtungen, dass wir immer eine Wahl haben, wie wir auf das Leben reagieren, dass es manchmal regnet und manchmal die Sonne scheint, dass wir uns über diese Unterschiede erfahren können. Dass diese Erde ein wunderbarer Spielplatz ist und wir sehr mächtige, permanent schöpfende Wesen sind!

Wie fühlt sich das an?

Ich beginne bei der Geburt. Als Kinder werden wir meist bedingungslos geliebt, nach kurzer Zeit nur mehr unter gewissen Umständen. Eben wenn wir funktionieren und folgen. Wir sind den Gedanken und Vorstellungen unserer Eltern völlig ausgeliefert. Als Kinder beobachten wir die

Welt und unser Umfeld. Wir beobachten Mama und Papa. Wie sie sind, was sie sagen, wie sie sich verhalten, wie sie reagieren. Anfangs ahmen wir das einfach nach, in dem fixen Glauben, dass jede Reaktion und Aktion eben so zu sein hat. Welches Kind kann anfangs schon denken: „Seltsam, was Papa da macht! Eigenartig, wie Mama auf das kommt!" Als Kind werden wir mit einer unglaublich großen Zahl dieser scheinbar unumstößlichen *Wahrheiten* der Erwachsenen gefüttert. Niemals gab es anfangs einen Grund, auch nur irgendetwas anzuzweifeln. Erst als mehrere Personen auftauchten und wir kommunizieren konnten, lernten wir zu differenzieren. Aha! Die Oma macht das ganz anders als Mama. Der Nachbar ist anders als mein Papa. Aha! Es zieht uns magisch zu den Leuten, die viel Spaß haben, die freundlich sind, die mit uns spielen und lächeln. Die Zeit für uns haben, die scherzen, uns in den Arm nehmen, die einfach gut drauf sind! Menschen, die das Gefühl ausstrahlen, alles wäre in bester Ordnung. Das sind die Vorbilder! Warum? Weil Kinder sehr schnell kapieren, dass sie auch einmal groß werden, und das wahrscheinlich sehr bald!

Wenn nun eine Tochter eine ständig nörgelnde, nervende, verzweifelte, traurige Mama vor sich hat (und das für 16 bis 20 Jahre), welches Bild bekommt sie? Wenn ein Sohn einen Papa hat, der jeden Tag vollkommen fertig von der Arbeit heimkommt, am Wochenende arbeitet, nie Zeit hat, immer seine Ruhe haben will, abends nur mehr auf der Couch hockt, über seinen Chef schimpft, den Verkehr, die Politiker und das Leben als hart bezeichnet – was denkt der Sohn? Ich werde das auch einmal! Wenn die Mama immer über Papa schimpft oder mit ihren Freundinnen generell über „die Männer" lästert, wenn sie vorlebt, dass es als Frau viel härter ist, weil man sich immer um alles kümmern muss, alles wegräumen ... Was denkt die Tochter? Der Sohn?

Ich möchte dich ermutigen, ein Vorbild zu sein! Nicht indem du dich abrackerst, dich aufopferst, mehr gibst, als du kannst, gerade ohne zu zerbrechen. Zeige den Menschen, dass dies eine wunderbare Welt ist, ein herrlicher Spielplatz mit vielen spannenden und interessanten Facetten und Gelegenheiten! Dass man beim Putzen lächeln kann, dass es schön ist, eine Frau zu sein, dass es toll ist, ein Mann zu sein. Lebe vor, dass dieses Leben etwas Herrliches ist!

Dies gilt ebenso für Eltern, die sich getrennt haben! Sobald Eltern die Verantwortung übernehmen und transportieren, dass es eben auch Trennungen gibt (berufliche und private), dass dies völlig okay ist und zum Leben gehört, weil man ja dennoch (zumindest) die Kinder liebt und genauso viel Freude und Spaß miteinander erleben kann, dann verlieren diese Ereignisse den Schrecken für Kinder! Wenn du als Elternteil vorleben kannst, dass die Trennung okay ist, dass du ganz rasch auch wieder glücklich sein kannst, dass du nicht über deinen Partner schlecht redest oder ganze Geschlechtergruppen permanent verdammst, dann ... – ja dann hast du deinen Job gut gemacht!

Apropos ...

Wie du als Mama oder Papa warst, entscheiden deine Kinder – nicht du!

Wie immer du deine Kinder erziehst, was immer du vermeintlich für sie tust, was du ihnen ermöglichst, in welche Richtung du sie führst, es hat keinen unmittelbaren Einfluss darauf, was die Kinder später über dich denken. Klingt wieder sehr komisch, ist aber so. Je nachdem, was du selbst in deiner Kindheit erlebt hast, so wirst du deine Kinder erziehen. Genauer gesagt, was du in deiner Kindheit oder nachher entschieden hast, wie du deine Kinder erziehen willst. Dein Lebenspartner ist nun ebenso bestückt worden, und da können schon Unterschiede auftauchen, was wiederum oft Stress in Beziehungen der Eltern erzeugt. Doch darum geht es noch gar nicht.

Nehmen wir an, du hast die Erziehung allein über, obwohl auch dies egal ist, denn es geht darum, dass irgendwelche Entscheidungen für die Kinder getroffen werden. Egal, ob von einem allein oder gemeinsam. Diese Entscheidungen werden gefällt. Vielleicht wurdest du in deiner Kindheit eher streng erzogen. Dann hast du später bei deinen eigenen Kindern entweder entschieden, dies ebenfalls zu tun, oder du gehst es bewusst sehr viel lockerer an. Gleichgültig, was du machst oder vorlebst, es wird Erfahrungen mit dir als Elternteil beim Kind hinterlassen. Um diesen Zusammenhang besser zu verstehen, hier ein Beispiel:

Du entscheidest, dass deine 16-jährige Tochter am Samstag um 23.00 Uhr daheim sein soll. Du begründest diese Forderung deiner Tochter auch. Dann wird dein Kind selbst für sich entscheiden, ob diese Forderung für es okay und akzeptabel ist oder nicht. Nicht du entscheidest das für dein Kind! Eine andere Mutter sagt zu ihrem Kind: „Du kannst fortgehen, so lange du willst! Du darfst auch ruhig bei Freunden übernachten!" Wer ist nun die *bessere* Mutter? Nimm dir Zeit und fühle mal kurz … dann bekommst du eine Antwort dazu, wie du entscheiden würdest. Das Spannende daran ist: Dein Kind kann dir später *immer* Vorwürfe machen! Egal, was du entschieden hast! Das Kind wird vielleicht den Vorwurf machen: „Ich musste ja immer als Einzige so früh daheim sein! Alle durften länger weggehen! Das ist auch der Grund, warum meine blöde Freundin nun mit Markus zusammengekommen ist und nicht ich! Du hast mein Leben zerstört!" Hat sie recht? Ein Kind, das mit der anderen Vorschrift leben *musste,* wird vielleicht behaupten: „Dir war es ja sowieso immer egal, wo und bei wem ich war! Hauptsache, ich war nicht daheim. Hättest du dich echt um mich gesorgt, hättest du Regeln aufgestellt, aber das konntest du ja nie, weil du zu feig und zu schwach warst!"

Nun – wie fühlt sich das an? Du wirst mir sicherlich zustimmen, dass all dies in Zukunft möglich ist. Eltern, die sich dessen bewusst sind, wissen, dass sie keine falschen Entscheidungen treffen können.

Übrigens: Dies ist eine sehr gute Nachricht! Damit meine ich nicht, dass es für dich keine Unterschiede macht, welche Entscheidungen du triffst oder getroffen hast. Jedoch liegt der wahre Unterschied nur bei deiner Handlung und deinem Umgang damit. Es hat mit der folgenden Entscheidung deines Kindes nichts zu tun. Vergiss nicht: Jeder Mensch kann, darf und wird immer auf deine Entscheidungen reagieren. Wie reagiert wird, entscheidest jedoch nicht du! Niemals!

Ganz gleich, wie gut du etwas gemeint hast, wie sehr du dir den Kopf zerbrochen hast, wie viele Bücher du über Kindererziehung gelesen hast, du wirst deine Handlung irgendwie bewerten und dein Kind ebenso!

Nimm dir noch ein wenig Zeit und mach dir diesen Zusammenhang jetzt bewusst und lasse ihn sickern. Das zahlt sich aus. Buch zu, Prosecco auf! Du kannst nur Entscheidungen treffen, jedoch keine falschen – ein gutes Gefühl!

Je bewusster du allerdings diese Entscheidungen triffst, desto weniger angreifbar wirst du durch die Vorwürfe der Kinder. Entscheide weniger aus deinen anerzogenen Reflexen und aus Gedankenlosigkeit bzw. Gewohnheit heraus. Je klarer und integrer du dabei auftrittst, desto fühlbarer wird es das auch für dein Umfeld sein. Du wirst zu dem, was du tust, stehen können und dir keine Selbstvorwürfe machen. Denn diese schädigen wiederum nur dich! Ich behaupte: Sowohl du, falls du Elternteil bist, als auch deine Eltern und die Eltern deiner Eltern haben immer die *aus ihren Möglichkeiten zu diesem Zeitpunkt* richtigen Entscheidungen getroffen! Immer! Wem das bewusst ist, der stößt eine weitere große Tür in die eigene Freiheit auf! Er hört auf, den eigenen Eltern Vorwürfe zu machen und auch sich selbst! Ein Segen für die Menschheit!

Danke, dass du bereit bist, diese Zeilen vielleicht noch einmal zu lesen oder ein wenig sickern zu lassen. Nimm den Stress raus, dass du falsche Entscheidungen für deine Kinder treffen kannst. Kein Mensch weiß, wie sich die Dinge entwickeln können. Dein Kind könnte auf dem Heimweg um 23.00 Uhr einen Unfall haben oder am nächsten Tag, wenn es nach Hause kommt. Dich trifft keine Schuld! Dein Verstand hat keine Ahnung von der Zukunft, also auch nicht davon, ob deine Kinder dir ewig dankbar sein werden oder dich verdammen, ganz gleich wofür!

Was soll ich tun, wenn in meinem Umfeld jemand sehr traurig oder enttäuscht ist?

Stelle dir im Zusammenhang mit dieser Kapitelüberschrift bitte zuerst einmal selbst diese Frage. Was tust du, wenn du mit so einer Situation konfrontiert wirst? Wie reagierst du auf Traurigkeit, Kummer, Angst, Hilflosigkeit bei Menschen in deinem Umfeld? Was tust du, wenn deine Tochter todtraurig zu dir kommt und dir erzählt, dass ihr Meerschweinchen gestorben ist? Wie reagierst du, wenn dein Sohn erzählt, dass er Angst vor der Schule hat? Dein Partner total enttäuscht von sich selbst ist, weil er die Prüfung nicht geschafft hat? Gib dir zwei Minuten und überlege das, horche in dich hinein, was deine Maßnahmen wären. Wie hast du gelernt, darauf zu reagieren?

Die meisten Menschen haben vorgelebt bekommen, negative Gefühle bei anderen möglichst schnell abzustellen. Sie müssen erst einmal weg! Nur nicht drinnen bleiben. Unser Verstand geht sofort auf die Suche nach Ablenkungen und Erklärungen, warum der Grund für die Traurigkeit oder Enttäuschung gar nicht so schlimm ist, oder wie wir das gleich wieder ausbügeln können. Viele würden in unserem Beispiel sagen, dass wir morgen wieder ein neues Meerschweinchen kaufen oder dass es eben schon sehr alt war oder dass wir das nächste Mal vielleicht ein Aquarium und Fische kaufen. Wir können es meist nicht ertragen, wenn ein anderer Mensch neben uns leidet, traurig ist, sich verloren und verlassen fühlt. Auch wir wurden meist so behandelt. Wir wurden trainiert, auf den Punkt gebracht, solche Gefühle in uns abzulehnen. Es wurde uns schnell klargemacht, dass wir anders sein sollen – nicht so wie eben jetzt! Da war kaum jemand in unserer Gegenwart, der uns ermutigte, dieses Gefühl einfach wahrzunehmen, es einfach da zu lassen. Zu beobachten und zu warten, bis es von selbst wieder geht. Egal, wie lange es dauert. In der Gewissheit, dass dieses Gefühl, dieser Schmerz wieder gehen wird. Kaum jemand geht so vor, den Menschen die Zeit zu geben, ihre unendliche Trauer zu fühlen, allein, zu beobachten, was der Kopf dazu sagt und wie sich der Körper dabei anfühlt. Kaum einer wagt, offen zuzugestehen: „Ich kann dir da jetzt nicht helfen. Und es ist in Ordnung, wenn du dir Zeit nimmst für dich, ich werde da sein und warten. Das kann ich tun! Es ist eine wunderbare Gelegenheit, dich näher kennenzulernen. Es ist eine großartige Chance, zu erfahren, wer und wie du bist!"

Natürlich kämpft der Verstand jetzt wieder stark gegen das von mir Vorgeschlagene an. Oder er argumentiert, dass du das einem sechs Jahre alten Mädchen nicht sagen kannst. Aber du bist ja jetzt schon ein hervorragender Beobachter deines Verstandes und weißt, dass du nicht nur dein Verstand bist! Überprüfe es mit deinem Körper. Könntest du die oben beschriebenen Sätze deiner besten Freundin sagen? Deinen Eltern? Deinen Arbeitskollegen? Such dir ruhig eine Gruppe von Personen in deinem Umfeld aus, bei der du bereit bist, damit zu beginnen, anders auf ihre negativen Emotionen zu reagieren als mit Beschwichtigung. Einen neuen Weg im Umgang mit Traurigkeit oder Enttäuschung auszuprobieren schafft Klarheit. Probiere deine Vorgehensweise einfach drei- bis viermal und entscheide dann neu, ob du diesen Weg zukünftig beibehalten willst. Stell dir die Frage, wie es sich für dich anfühlen würde, wenn jemand in deinem Umfeld so reagieren und auf dich zukommen würde. Dieser Rückschlussvergleich verstärkt meist die Sicherheit, sich richtig und für die Wahrheit entschieden zu haben. Du spürst das mit deinem Körper, dein Kopf hat keine Ahnung!

Diese Momente sehr tiefer Trauer sind sehr heilsam, besonders wenn sie allein, in Stille und in Annahme passieren. Annehmen, was jetzt da ist, ist der vielleicht größte Schlüssel in deine Freiheit. Es ist vollkommen okay, wenn ich jetzt traurig bin. Das gehört zu meinem Leben, und ich habe die Gewissheit, es hört wieder auf. Gleichgültig, was der Kopf dazu sagt. Schmerz ist immer nur der Bote, die Botschaft selbst hat dein Verstand in der Hand. Ich kann mir Zeit dafür nehmen oder ich lege sie weg. Solange ich sie nicht verstanden, sie nicht gefühlt und bejaht habe, kommt der Bote immer wieder.

Was Frau/Mann in einer Beziehung braucht

Als Grundsubstanz braucht es in einer Beziehung in erster Linie die Achtung und die Ehrung des Partners. Es geht darum, das Anderssein des Partners zu ehren, auch wenn wir es nicht verstehen. Den Partner als Geheimnis sehen, welches man entdecken darf. Wenn du in einer Beziehung bist, gehe auf diese Entdeckungsreise. Für *neue* Beziehungen braucht es vor allem zwei Menschen, die Selbstliebe, Authentizität und eine ehrliche, achtsame Kommunikation als oberste Prioritäten wählen.

Lass die folgenden Punkte einfach einmal in dir wirken – sie bedürfen keiner weiteren Erklärung (auch wenn dein Verstand schon wieder dazwischenredet). Die Reihenfolge spielt dabei keine Rolle, alle Punkte sind gleichwertig.

Eine Frau fühlt sich geliebt, wenn ihr Partner
- ihr menschliche Nähe gibt.
- ihr das Gefühl gibt, etwas Besonderes zu sein.
- ihr seine Liebe beweist.
- sich um sie sorgt.
- ihr zuhört.
- ihr bei Problemen einfach zuhört und nicht immer gleich Lösungen dafür sucht.
- oft mit ihr schmust und sie liebkost.
- kein wichtiges Datum der Beziehung vergisst.

- versucht, sie zu verstehen.
- ihr sein Mitgefühl zeigt.
- sie unterstützt, wo es nur geht.
- ihr Verhalten und ihre Gefühle akzeptiert.
- sie nicht unterbricht und versucht, sie zu verbessern.
- sie respektiert.
- ihr seine Liebe täglich mit Gesten ... zeigt.
- sie als gleichberechtigt betrachtet und sie auch bei Entscheidungen mit einbezieht.
- mit ihr über alle Probleme reden kann.
- das Vorspiel nicht vernachlässigt.
- ihr das Gefühl gibt, wichtiger als die anderen Personen seines Lebens zu sein.

Ein Mann fühlt sich geliebt, wenn seine Partnerin
- seine Schwächen akzeptiert und nicht ständig herumnörgelt.
- ihn bewundert.
- ihm seine Freiheiten lässt.
- ihm das Gefühl gibt, dass er etwas Besonderes ist.
- ihm das Gefühl gibt, dass er ein Mann ist.
- ihn nicht ständig kontrolliert und ihm nachspioniert.
- sich für seine Hobbys interessiert.
- ihm zeigt, dass er sich nicht vor Konkurrenz fürchten muss.
- ihm zeigt, wie schön und einfühlsam er ist.
- in ihm den Beschützerinstinkt weckt.
- ihm vertraut.
- nicht ständig verlangt, über alle Probleme reden zu müssen.
- ihn öfters lobt.
- ihm zeigt, wie gut es ihr mit ihm geht.
- akzeptiert, dass Männer sich auch gerne einmal zurückziehen und so über Probleme nachdenken.

ORDNUNG IM
ZUSAMMENLEBEN

Eine Beziehung zu führen ist schon eine spannende Sache – also zumindest wenn zwei Personen mit unterschiedlichen Vorstellungen aufeinandertreffen. Besonders differenzierende Vorstellungen davon, was Ordnung ist, bringen interessante Aspekte in eine Beziehung. Und glaub mir, ich war Vize-Weltmeister im „Anderen-Menschen-erklären-wie-Ordnung-aussehen-soll". Dafür möchte ich mich an dieser Stelle auch noch besonders bei den Partnern und Kindern in meiner früheren Zeit entschuldigen. Klarheit darüber zu erlangen, was Ordnung ist und was sie aus Menschen macht, ist eine großartige Befreiung für die Menschheit, denke ich. Dabei geht es in erster Linie gar nicht nur um den Zeitaufwand, der notwendig ist, um eine gewisse Ordnung aufrechtzuerhalten, obwohl dieser meist sehr hoch ist, aber das, was bei diesem Thema emotional abgeht, ist echt krass.

Gleich vorweg: Unordnung macht keine schlechten Gefühle! Es gibt nur das, was wir darüber gelernt und geglaubt haben. Auch dazu gleich ein Beispiel: Nehmen wir an, und fühle bitte wieder bei der Geschichte richtig mit, du hast einen Menschen (Partner, Kind, Arbeitskollegen) in deinem näheren Umfeld, der ein wenig schlampig ist. Falls du der schlampigere Beziehungsteil bist, wirst du mir im Folgenden leicht zustimmen können. Bist du der ordentlichere Teil, wird es wahrscheinlich Widerstand in dir geben. Nehmen wir also an, dein Partner lässt überall in der Wohnung seine Socken fallen, wo er sie gerade auszieht. Du kommst nach Hause und siehst die Socken unter der Couch. Wahrscheinlich stellst du fest, dass diese Socken ein sehr unangenehmes Gefühl in dir auslösen. Doch ich behaupte, es sind nicht die Socken, die das tun, sondern allein deine Gedanken über die Socken! Quasi deine Geschichte des Geschichtenerzählers dazu! Socken generell machen keine schlechten Gefühle. Erinnere dich daran, als du das letzte Mal Socken eingekauft hast. Hattest du im Geschäft unangenehme Gefühle, als du daheim angekommen bist? Wahrscheinlich nicht! Jetzt, wo dieselben Socken bei dir in der Wohnung liegen, können sie aber plötzlich diese unangenehmen Gefühle in dir hervorrufen. Sie liegen auf dem Fußboden und es macht „bumm" in dir. Sehr spannend! Doch es ist nur deine Geschichte darüber, die zu einer Emotion führt. („Die Socken sollen hier nicht liegen!") In solchen Situationen tut man sich meist schwer, sich in Erinnerung zu rufen: „Würde ich jetzt nicht genau diese Gedanken über die Socken denken, würde es mir gar nicht schlecht gehen." Auch, dass du auf diese Socken reagieren kannst, wie immer du willst, fällt uns in der Situation kaum ein. Beobachte jetzt gut deinen Körper, wenn du weiterliest. Eine mögliche Reaktion wäre zum Beispiel: „Aha! Heute ist wieder Socken-versteck-Tag! Da mache ich gleich mit. Jetzt hole ich auch meine Socken und verstecke sie ebenfalls in der Wohnung." (Solltest du Kinder daheim haben, kannst du sie auch einladen mitzuspielen.) Oder du holst vier Teelichter, stellst sie um die Socken herum, zündest die Kerzen an, machst ein Foto, und postest dieses Bild auf Facebook mit dem Text: „YES! Ich habe sie gefunden! Wir feiern heute bei uns Socken-versteck-Tag. Die von meinem Mann habe ich schon gefunden!" Wie fühlt sich das an? Wenn es dir ein leichtes Grinsen ins Gesicht gezaubert hat, dann hast du schon einen klaren körperlichen Hinweis, dass diese Reaktion von dir weitaus besser wäre als der Ärger und die Wut, die du normalerweise hochfährst.

Sollte dich die von mir vorgeschlagene Reaktion noch wütender machen, rufe ich weitere Themen in dir auf. Vielleicht meint dein Verstand dazu: „Und wer räumt dann alle Socken wieder weg? Natürlich ich. Ich bin diejenige, die zu Hause immer alles wegräumen muss!" Doch auch diese Gedanken brauchst du nicht zu glauben! Wenn alle Socken in der Wohnung liegen und irgendjemand dann frische Socken will, wird er zu dir kommen – mit den Socken in der Hand, oder er wird sie zur Schmutzwäsche bringen, wo du sie freudig erwartest! Dasselbe gilt für Kaffeetassen, die auf dem Fernseher stehen, Chips-Schüsseln unter dem Couchtisch, Legosteine auf dem Fußboden, leere Biergläser auf dem Küchentisch etc. Keiner dieser Gegenstände macht dir in Wahrheit schlechte Gefühle. Es sind immer nur die Geschichten darüber, die unser Verstand uns vorgibt! Es ist deine Vorstellung, dass all diese Dinge jetzt woanders sein sollten, als sie sind. Das sind sie aber nicht – egal, ob du das willst oder nicht. Sie sind, wo sie sind. Du machst dich ganz allein fertig damit. Das Ablehnen des Ist-Zustandes macht dir das schlechte Gefühl! Im Kopf erscheint das natürlich vorrangig wieder so, dass jemand anderer schuld daran ist, dass es dir jetzt schlecht geht, doch das ist niemals die Wahrheit! Öffne dich für diese neue Wahrheit, sei kreativ in deinen Reaktionen, mache dir bewusst, dass du dem Szenario niemals ohnmächtig ausgeliefert bist, sei aktiv und gut zu dir, dann erst dürfen und können die anderen auch wieder ordentlicher sein.

Wenn du die sogenannte an dich angepasste Ordnung willst, halte sie. Sei dir aber bewusst, dass du sie nur für dich herstellst! Nicht für jemand anderen in der Wohnung. Denn anscheinend hast nur du das Problem damit. Du erweist dir einen großen Gefallen damit! Nicht nur mit dem Wegräumen, auch mit einer anderen Reaktion. Gestalte sie lustig. Du hast die Wahl!

Warum Kinder meist unordentlich sind

Ich möchte hier mit einer Feststellung beginnen: Wer schon aufrichtig erkannt hat, dass ich Ordnung in Wahrheit immer nur für mich selbst herstelle, weil es mir dann besser geht, ich in Erwartung eines besseren Gefühls bin, hat während des Zusammenräumens und Putzens mehr Leichtigkeit!

Kindern, denen immer wieder aufgetragen wird, ordentlicher zu sein, alles wegzuräumen (obwohl sie es morgen gleich wieder brauchen), haben das Gefühl, sie müssen es für Papa oder Mama machen. Ja, um mehr geliebt zu werden, eine besser gelaunte Umgebung damit zu erreichen und die Belohnung zu kassieren – wie immer die aussehen mag. Ihre Motivation ist also nicht die wiederhergestellte Ordnung zu genießen, sondern die Belohnung zu erhalten. Sehr schnell kapieren Kinder, dass Widerstand meist zwecklos ist und üble unangenehme Folgen hat. Ich würde grob schätzen, dass dieses bewusste Wahrnehmen dieses Prozesses zwischen dem vierten und sechsten Lebensjahr passiert.

Auch dem unordentlichsten Menschen ist es generell lieber, wenn Dinge, die er selbst braucht, an gewohnten Orten zu finden sind, wenn die Klobrille gereinigt ist, wenn die Gehwege frei sind. Das kannst du sehr leicht feststellen, wenn du deiner pubertierenden Tochter am Freitagnachmittag die Wimperntusche versteckst oder den Nagellack. Mit diesem Gefühlserlebnis kannst du deinen eigenen Ordnungswunsch, dass die Schere immer in genau dieser Lade sein soll, sehr unterstützend argumentieren.

Kinder checken jedoch sehr rasch, dass das Zusammen-räumen, Putzen, Staubsaugen, Aufwischen, Abräumen ... keine besonders lustige Tätigkeit ist. Woher sie das wissen? Sie haben über einen sehr langen Zeitraum jemanden beob-achtet, der nicht gerade glückstrahlend dabei aussah! Tickert es? Von Geburt an beobachten Kinder ihre Umwelt, perma-nent, viel mehr können sie ja noch nicht tun. Sie nehmen einfach wahr und speichern ab. Immer wieder – den ganzen lieben Tag lang. Sie können, ohne es zu lernen, feststellen, ob jemand gut drauf ist oder nicht.

Würden sie nun sehen, dass Ordnung herstellen Spaß macht, wären sie sofort dabei! Ein Beispiel: Im Kinderzimmer liegen eine Menge Legosteine auf dem Boden. Würde Papa einen Kübel in die Mitte des Zimmers stellen und entspannt auf dem Boden sitzend damit begin-nen, einen Stein nach dem anderen in den Kübel zu werfen und dabei öfter laut zu schreien: „Treffer! Yes!", dann dau-ert es normalerweise nicht lange und die Kinder wollen *mit-spielen*! Das spielerische Element erzeugt Freude, das wol-len Kinder haben! Ausprobieren gibt Sicherheit! Machst du das bei deinen 14-jährigen Kindern jetzt zum ersten Mal, wird es wahrscheinlich nicht mehr so leicht klappen, den die kennen dann deinen *Trick* schon ... Für dich selbst ist es dennoch eine tolle Erfahrung. Und du weißt ja jetzt schon, dass du es sowieso nur für dich machst!

Würde Mami also vor den zwei- bis dreijährigen Kindern beim Staubsaugen immer ein fröhliches Gesicht machen, würde es die Wahrscheinlichkeit sehr erhöhen, dass die Kinder auch einmal den Staubsauger zum *Spielen* haben wollen. Tanzende, fröhliche, Prosecco trinkende Menschen bei der Aufräumarbeit, im ausgedienten Cocktailkleidchen vielleicht, mit guter Musik – was für eine Welt! Herrlich!

Ein kleiner Trost auch noch für alle restlos Verzweifelten. Es ist gar nicht so abwegig, dass dein momentan ach so unordentliches Kind bei *seiner eigenen* Wohnung später darauf besteht, dass du vor der Türe deine Schuhe ausziehen sollst! Sehr spannend!

Du hast es immer so gut gemacht, wie du konntest!

Bringst du Ordnung in die Wohnung, bevor Besuch kommt?

Ich will hier bewusst noch einen Beitrag zum Thema Ordnung bringen, weil es ein so ergreifendes, emotional geladenes, überall anzutreffendes Thema ist. Bei vielen Menschen herrscht Alarmzustand, wenn Besuch zu Hause erwartet wird. Die Wohnung wird von oben nach unten geschrubbt und auf Vordermann gebracht. Schließlich will man sich seinen Gästen ja von der besten Seite zeigen. Die wichtigste Frage dazu lautet: Weißt du, dass du den Wohnungsputz nur für dich machst? Oder denkst du, du machst es für Mami, deine Gäste, deinen Lebenspartner, deine Kinder? Dieser Gedanke, diese Einstellung beim Ordnung-Herstellen ist entscheidend dafür, wie es dir dabei geht!

Ausschlaggebend für deinen Gefühlszustand bist immer nur du. Das weißt du mittlerweile schon. Viele Menschen machen sich immer wieder großen Stress mit Ordnung und Sauberkeit – und ich meine jetzt nicht, dass Lebensmittel vergammeln und schimmlig sind – falls dies dein Verstand gerade gleich als Argument für Nicht-Veränderung deines Verhaltens angeboten hat. Erwachsene Personen aller Altersklassen haben die Angewohnheit, bevor Besuch kommt, gestresst die Garderoben von überflüssigen Jacken zu befreien, die Anzahl der Schuhe im Vorzimmer zu reduzieren und ordentlich nebeneinander hinzustellen, das Bad zu putzen, die Handtücher zu wechseln, die Toilette richtig zu reinigen, das Geschirr im Geschirrspüler zu verstauen, die Kinderzimmer auf Vordermann zu bringen und vieles mehr. Das ist grundsätzlich nichts Verkehrtes, aber weißt du, wozu du das machst? Und beobachtest du deinen Körper, wie es ihm dabei geht? Gehst du das Ordnung-Machen widerwillig und sauer oder leicht und elegant an? Ich ermutige dich, auf diese Symptome zu achten. Wenn du den Wohnungsputz wegen eines bevorstehenden Besuchs in Angriff nimmst, dann tu das sehr bewusst in einem guten Gefühl. Du machst es nämlich nur für dich! Entweder weil Besuch dich daran erinnert, dass es ohnedies wieder einmal Zeit dafür ist, oder … damit du dir Folgendes vielleicht abholen kannst: „Oh, es ist immer so ordentlich bei dir! Wie du das immer alles schaffst, trotz des Berufs und der Kinder. Du bist so tüchtig! Ich bin stolz auf dich!" Wenn Letzteres bei dir der Fall ist, hängst du an der Nadel. Du bist geradezu getrieben und lechzend nach Anerkennung und Lob. Wehe, wenn die Wertschätzung ausbleibt oder niemand erwähnt, wie perfekt dein Haushalt geführt ist! Dann macht dich das nach der ganzen Anstrengung gleich noch einmal fertig!

Ich kenne dieses Verhalten aus vielen Einzeltrainings, vor allem von überforderten Müttern. Viele werken oft ein bis fünf Stunden, bevor der Besuch kommt, in der Wohnung herum. Widerwillig. Sie können den ganzen Tag über noch keine Vorfreude empfinden, dass da jemand vorbeischaut, sondern grollen fast die ganze Zeit vor sich hin – weil sie Besuch bekommen! Oft auch Besuch, den sie gar nicht unbedingt als Besuch haben wollen. Das ist allerdings wieder ein anderes Thema.

Sollte nun die erhoffte „Belohnung" des Besuchs oder des eigenen Partners in Form von lobender Erwähnung komplett ausbleiben, wirst du diese Vorbereitungsarbeiten immer widerwilliger machen! Das ist bei vielen Menschen so, du bist nicht allein! Leider! Diese drei Sekunden des Lobes und

der Anerkennung treiben dich jedes Mal, wenn Besuch ansteht, erneut zum Aufräum- und Putzvorgang. Bei unver-
hofften, unangemeldeten Besuchen hört man auch Sätze
wie: „Schreck dich bitte nicht, bei mir ist es heute sehr unordentlich. Ich hatte so viel Stress und bin heute noch überhaupt nicht zum Saubermachen gekommen!" Wenn ich so
einen Satz höre, sage ich meist: „Ich gehe noch ein wenig
spazieren. Mach du die Wohnung so, dass du dich wohl-
fühlst. Für mich passt es so, wie es ist, jedoch will ich nicht,
dass du dich unwohl fühlst, wenn ich jetzt da bin. Gib mir
einfach Bescheid, wenn es okay ist, dass ich reinkomme!"
Meist lassen sie mich nicht spazieren gehen, sondern belas-
sen es dabei, nehmen schnell drei Stücke vom Boden, tragen
ein paar Gläser in die Küche, und es passt. Sehr spannend!
Beruhige dich, bei allen Menschen, die einen gewöhnlichen
Alltag haben, sieht es ab und zu genauso aus wie bei dir! Das
ist völlig normal! Nur als wir Kinder waren, wurde uns jahrelang eingetrommelt, dass dies eben nicht normal ist, wenn
die Hose nicht zusammengelegt ist, das Handtuch nicht am
Haken hängt, die Spielsachen für morgen liegenbleiben und
die Schuhe verkehrt herum stehen. Doch jetzt bist du erwachsen! *Du* darfst entscheiden – wie immer du willst! Du
bist auch kein schlechter Mensch, wenn es mal unordentlich
ist!

Jetzt wird es vielleicht noch etwas krasser: Du bist sogar
ein wunderbarer Beitrag für all deine Besucher, wenn es
zumindest einigermaßen unordentlich aussieht. Warum?
Nehmen wir an, du bist eingeladen, bist selbst Besucher. Du
betrittst das Vorzimmer. Zwei Paar frisch geputzter Schuhe
finden sich wie mit dem Lineal hingestellt auf der sauberen
Schuhabtropftasse. Es befinden sich nur leere Kleiderbügel
an der Garderobe. Der Boden ist frisch gebohnert. Im
Wohnzimmer? Alles auf seinem Platz, wie in einer Galerie.
Wow! Was denkst du dir? „Die können sich sicher eine

Putzfrau leisten – ich nicht! Da hilft 100%ig der Mann auch mit im Haushalt! Die haben halt keine Kinder! Um Gottes willen! Wenn ich die beiden einmal zu mir einladen soll, muss ich mir vorher zwei Tage Urlaub nehmen, sonst bekomme ich das nie so hin!" Spürst du es? Die Gastgeber haben dir mit ihrer extremen Ordnung keine große Freude bereitet. Oft im Gegenteil! Vielleicht ist das auch ein Anlass, als Besucher nicht unbedingt die unglaubliche Sauberkeit und Ordnung einer solchen Wohnung zu erwähnen. Würden wir uns weniger Gedanken um den Zustand unserer Wohnung machen, würde viel Stress im Leben zahlreicher Menschen wegfallen.

Die Ordnungsfrage leichter zu nehmen ist allerdings nur etwas für sehr mutige Leute, und es bedarf einer kräftigen, bewussten Entscheidung! Wenn es bei dir daheim etwas unordentlich ist, wenn Besuch kommt, machst du ihnen eine große Freude! In ihnen entsteht vielleicht sogar Dankbarkeit, dass es bei ihnen nicht so aussieht und sie freuen sich auf ihr Zuhause!

Kurz noch ein Tipp für Essenseinladungen: Auch da beobachte ich immer wieder leider normales, jedoch seltsames Verhalten. Du bekommst einen Kuchen serviert mit dem Satz: „Der ist mir heute leider nicht gelungen. Total zusammengefallen, dabei mache ich ihn wie sonst auch!" Ich antworte dann meist: „Und den soll ich jetzt tatsächlich essen?" Die Gastgeberin beteuert wie der Blitz, dass es ohnedies nicht so schlimm ist, wie sie beschrieben hat. „Gut ist er schon, er sieht nur komisch aus" – oder Ähnliches! Wozu sagen wir solche Sätze? Das Gleiche gilt für Knödel, Fisch, Nachspeisen aller Art – egal! Vielleicht liebe ich den Kuchen gerade genau so, wie er ist? Vielleicht liebe ich klebrige Knödel? Und ich weiß, ich darf ihn auch stehen lassen und muss ihn nicht hinunterzwingen, sollte er mir nicht behagen! Bist du so jemand, der alles hinunterzwingt, was er hingestellt bekommt? Nur weil du weißt, dass sich die Gastgeberin so viel Arbeit angetan hat? Oder gehörst du zu der Sorte Gast, die jeden Wein trinkt, obwohl er dir nicht bekommt, nur weil der Hausherr gesagt hat, dass dies ein besonders guter Tropfen ist, und teuer war er auch? Wenn ich Speisen oder Getränke ablehne, ist das immer Geschmackssache. Keine Ablehnung der Person! Lasst uns wieder ehrlicher miteinander umgehen – nur so kann deine Umgebung auch zukünftig besser einschätzen, wie du eben bist. Du erweist dir und deinen Gastgebern einen riesigen Liebesdienst – in Wirklichkeit! Sonst bekommst du beim nächsten Besuch wieder diesen Wein, nur weil du ja so begeistert warst!

Du hast noch nie einen Fehler in deinem Leben gemacht!

Wie fühlt sich der Satz dieser Überschrift an? Du weißt nun schon, wie man das am besten überprüft. Augen zu, tief atmen … „Ich habe noch nie einen Fehler gemacht!" … atmen …, spüre, wie dein Brustkorb reagiert. Wird er weiter und leichter? Und überprüfe, was dein Verstand darüber denkt, was er dir erzählt … Ich liebe diese Überprüfungen immer sehr! Natürlich sagt der Verstand, dass du schon unglaublich oft Fehler gemacht hast. Aber ich meine jetzt nicht die bei der Mathematikarbeit (obwohl wir über die vielleicht auch noch reden könnten), sondern so *richtige* Fehler. Ich hätte mich nie auf den Typen einlassen, meine Frau heiraten, den Kredit aufnehmen, diesen Job annehmen, übersiedeln, Haus bauen, Kinder kriegen, meine Mama ins Heim geben, das gelbe Kostüm wegwerfen, den Vertrag unterzeichnen, das alte Auto verkaufen, die nette Wohnung aufgeben sollen und so weiter. Kennst du solche Gedanken in dir? Wie oft beschäftigen sie dich? Wie lange schon? Grausam, oder? Doch hier wieder meine ungeliebten Fragen: „Wozu denkst du das? Was macht es mit dir, jedes Mal, wenn du so denkst? Welchen Vorteil hast du dadurch? Was macht es körperlich mit dir?" Cool, das zu beobachten, finde ich.

Doch gehen wir einmal so einen „Fehler" gemeinsam

durch – du kannst ihn durch jeden beliebigen „persönlichen Fehler" ersetzen. Ich behaupte, du hast noch nie einen Fehler gemacht! Wie komme ich dazu? Nun, ich glaube, dass du immer mit deinen dir zur Verfügung stehenden Informationen die für dich momentan bestmögliche Entscheidung triffst. Niemand auf dieser Welt trifft anders Entscheidungen. Meist haben wir Vorstellungen, wie sich alles entwickeln wird, wenn ich eine Entscheidung jetzt so treffe. Genau diese Vorstellung lässt uns eben gerade die Entscheidung treffen. Was immer durch die eben gemachte Entscheidung tatsächlich entsteht, entzieht sich gänzlich unserem Wissen. Es ist immer nur eine Vorstellung, aber bitte öffne dich dafür, dass dein Verstand niemals ein Wissen über die Zukunft hat. Er tut zwar immer so, als hätte er eine große Ahnung, aber die hat er nicht. Meist zieht er diese Ahnung auch nicht von bereits Erlebtem, sondern lediglich aus Erzählungen anderer Menschen, die wieder etwas von anderen Menschen erzählt bekommen haben und dies glaubten. Diese Ahnung trifft oft ein, oft auch nicht. Erfahrung nennen wir dies dann, in beiden Fällen! Was immer nach deiner Entscheidung also eingetreten ist, ist eingetreten. Punkt. Wenn es sich angenehm anfühlt, glauben wir, wir haben *richtig* entschieden. Bei einem unangenehmen Gefühl denken wir, wir haben *falsch* entschieden. Noch krasser ist es, und so verhält es sich bei vielen Menschen, dass es sich oft noch lange Zeit so anfühlt, als wäre die getroffene Entscheidung auch die richtige gewesen. Doch nach fünf Wochen oder nach zehn Jahren glauben wir auf einmal, es war die *falsche* Entscheidung. Wenn das nicht geil ist! Gleichgültig, wie viel Zeit zwischen dem Zeitpunkt unserer getroffenen Entscheidung bzw. Handlung und der plötzlichen Beurteilung („Ich habe einen Fehler gemacht – eine Fehlentscheidung getroffen") auch vergeht, wir haben die Möglichkeit, sie jederzeit später als *falsch* zu klassifizieren. Ich wünsche dir sehr, dass du möglichst bald damit aufhörst! Die Wahrheit darüber heißt: „Du hast es immer so gut wie möglich gemacht! Du hast immer deine beste Entscheidung getroffen! Du hast noch nie einen Fehler gemacht."

Diese Nachbeurteilung bzw. negative Klassifizierung im Nachhinein gehört zu den klassischen Fertigmachprogrammen. In meiner Praxis erlebe ich es oft, dass Klienten zu mir kommen und erzählen: „Diesen Mann zu heiraten war mein größter Fehler!" Wenn ich dann nachfrage, stellt sich oft heraus, dass diese Frau tolle Jahre mit ihrem Mann hatte, oft sogar zwei wunderbare Kinder, die sie über alles liebt, eine wunderschöne Wohnung, nette Bekannte oder Verwandte durch ihn – aber der Verstand der Frau klassifiziert: „Es war ein Fehler!"

Ich hoffe, du spürst, was ich dir hier darstellen will. Und bitte beobachte, wie oft du in deinem Leben mit Menschen zusammentriffst, die solche Geschichten erzählen, und wie sehr du selbst geneigt bist, zuzustimmen und Verständnis dafür zu haben. Damit bist du nämlich mitverantwortlich, dass diese echt groben selbstverurteilenden, sinnlosen, unwahren Maßnahmen nicht verschwinden.

Erschwerend kommt noch folgender Trick unseres Verstandes dazu. Er erzählt dir zum Beispiel Geschichten, dass, wenn du anders entschieden oder gehandelt hättest, dein Leben jetzt viel besser und angenehmer wäre. Auch cool, oder? Der Verstand tut hier so, als hätte er wieder eine Ahnung was passiert wäre, wenn du anders entschieden hättest. Aber das weißt du nun schon: Dein Verstand hat und hatte und wird nie ein Wissen über die Zukunft haben! Wärest du damals nicht links, sondern rechts abgebogen, würdest du heute vielleicht gar nicht mehr leben, weil dich ein Bus niedergemetzelt hätte! Woher willst du das wissen? Wenn du diesen Mann nicht an deine Seite gewählt hättest, wäre vielleicht ein Frauenmörder an deine Seite gekommen.

Öffne dich wieder und wieder für den Gedanken, dass dein Verstand keine Ahnung von der Zukunft hat. Das macht frei – und vielleicht kannst du momentan in deinem Kopf spüren, wie sehr sich der Verstand gegen das, was du hier liest, zu wehren versucht und dir sagt, dass das alles Quatsch ist, was da steht. Je mehr er sich wehrt, desto fester sitzt dieses Programm in dir. Denn der Verstand kapiert genau, dass du mit Beendigung dieses Programms immer mehr bewusster wirst, mehr Verantwortung für dich und dein Leben übernimmst und er immer weiter auf seinen Platz verwiesen wird, wo er hingehört: nicht als dein Chef, sondern künftig als dein Mitarbeiter agieren zu können. Und bitte überprüfe immer wieder für dich, ob das, was du hier liest, auch in deinem Leben wahr sein könnte. Du machst das wieder, indem du dir folgende Frage selbst stellst und wartest, was in dir auftaucht: „Kann es sein, dass ich auch so funktioniere? Ist es möglich, dass dies bei mir auch so ist?" – warte … und fühle.

Und dann triff eine Entscheidung! – Und lächle dabei!

WIE WIR DIE REALITÄT
IMMER WIEDER ABLEHNEN

Dass wir die Realität ablehnen, einfach Tatsachen nicht wahrnehmen wollen, gehört aus meiner Sicht immer zu den schmerzreichsten Erfahrungen, die wir uns selbst gestalten können. Mit heftigen persönlichen Folgen – wir fühlen uns dabei immer schlecht! Selbst gemacht, behaupte ich einmal vorweg. Und du kannst dann gleich wieder Gelegenheiten ergreifen, wo du das nachempfinden kannst, auch wenn dein Verstand wieder aufjaulen wird. Also bitte wieder beobachten, was dir dein Verstand zu meinen Behauptungen erzählt.

Vielleicht funktionierst du ja ein wenig anders als ich, aber ich habe bei mir festgestellt, dass es mir immer schlecht geht, wenn ich etwas denke, das mit folgenden Worten beginnt: „Meine Kinder sollten ...“, „Mein Partner sollte mehr ...“, „Mein Chef sollte weniger ...“, „Die Musik sollte leiser ...“, „Das Licht sollte heller ...“, „Der Autofahrer sollte weiter rechts ...“, „Der Urlaub sollte länger ...“, „Die Politiker sollten weniger ...“.

Für Deutschfreaks würde ich es so beschreiben: Jeder Komparativ (Steigerungsform) beeinträchtigt meine Gesundheit. Diese Erkenntnis finde ich bis heute einfach phänomenal! Denn diese Sätze sind im Normalfall nichts anderes als Beschwerden über den jetzigen tatsächlichen Zustand. Sie verurteilen die jetzt gerade im Leben auftauchende Realität.

Das ist der Grund, warum sie sich so schlecht anfühlen. Das Leben zeigt dir etwas und du sagst: „*Nein, das sollte jetzt anders* sein!" – eben mehr von dem oder weniger von jenem, oder überhaupt ganz anders. Und was sagt das Leben zurück: „Es ist jetzt genauso, wie es ist!" Und dieses Leben will immer etwas von dir wissen. Was das Leben in jedem Augenblick von dir erfahren möchte, ist: „Und was tust du jetzt?" Und glaube mir vorweg: Du bist sehr mächtig, und du hast immer eine ziemlich freie Wahl, dem Leben diese Frage zu beantworten. Jedes Ablehnen von dem, was gerade ist – hat einen hohen Preis! Jedes *Nein* zu dem, was sowieso schon ist, nämlich eben genau so, wie es gerade ist, macht dir ein schlechtes Gefühl! Und ... es verändert das Jetzt in keiner Weise! Sich das einmal richtig bewusst zu machen kann dein Leben sehr bereichern. Sich zuzugestehen: „Ja, stimmt, das mache ich sehr oft!", ist ein großer Schritt, um in meine Eigenverantwortung zu gelangen.

Wenn dein Verstand zum Beispiel vorgibt: „Mein Mann sollte nicht fernsehen!", er jetzt aber gerade vor der Glotze sitzt, so behaupte ich, machst du dir ganz allein schlechte Gefühle. Wie beschrieben, kannst du absolut alles einsetzen. Es funktioniert immer gleich. Und dein Verstand wird vielleicht jetzt wieder lauter und regt sich über mich auf. Das darf er ruhig tun, aber du musst das nicht denken! Du bist frei – frei, das zu denken, was immer du willst. Die meisten Menschen sind sich dieser genialen Einrichtung nur nicht mehr bewusst. „*Ich kann denken, was ich will!*" Wie fühlt sich das an? Kannst du dich schon dafür öffnen, dass dieser Satz wahr ist? Wenn er nämlich wahr ist, dann merke ich, dass ich ja das, was mein Verstand in mir gerade (meist automatisch bzw. unbewusst) denkt, gar nicht denken muss. Schon gar nicht mein ganzes Leben lang. Nur weil ich bisher so gedacht habe, muss ich das nicht aufrechterhalten. Ich kann das ändern. Sogar sehr leicht und fast mühelos!

Und falls dein Verstand gerade denkt: „Nein, das ist sehr schwierig. Das ist harte Arbeit!" – so behaupte ich, auch das musst du nicht denken und schon gar nicht glauben! Natürlich darfst du das denken, aber erkenne es als eine Wahlmöglichkeit und nicht als Wahrheit! Allein das Gefühl, (wieder) eine Wahl zu haben, macht deine Brustgegend weit und leicht. Denn Wahlfreiheit fühlt sich gut an – eben weil es eine Wahrheit ist!

Wann immer etwas in deinem Leben geschieht, von dem du denkst, das hätte nicht passieren dürfen, das sollte anders sein ... erinnere dich daran, was das Leben von dir erfahren will: „Und was tust du jetzt?" Ergänzende, heilende Fragen, die du dir zusätzlich stellen kannst, wären: „Und was denkst du jetzt darüber?" „Und wie willst du dich jetzt fühlen?" Denn das, was du über etwas denkst, erzeugt deine Emotionen!

Sich immer wieder die Fragen zu stellen: „Will ich mein ganzes Leben noch so über diese Situation (jenes Ereignis, eine Gegebenheit, ein Erlebnis, eine Person ...) denken – obwohl ich (meist seit vielen Jahren!) merke, dass es mir immer ein schlechtes Gefühl bereitet und nichts an der Realität ändert. Beispiele aus dem Alltag dazu: Es nervt dich, dass dein Partner die getragenen Socken neben seine Schuhe legt (okay ... auf die Couch oder den Boden), ... deine Partnerin eine Stunde im Bad braucht, um sich hübsch zu machen oder die Kleidung auszuwählen, ... der Autofahrer vor dir mit 35 km/h im Stadtgebiet fährt (bzw. dein Partner derjenige ist), deine Lebensgefährtin dem Kellner fünf Minuten lang erklärt, wie die Hühnerstreifen auf dem Salatteller genau aussehen sollen, wobei das Dressing in einem Extraschüsserl serviert werden muss und auf gar keinen Fall Zwiebeln dabei sein dürfen ...

Welcher Gedanke, welche Einstellung, wäre viel besser für mich, meine Gesundheit, meine Ausstrahlung, meine

Denkfähigkeit, ja sogar die Menschen um mich?" Das verändert dein Leben! Auch die Frage „Wie will ich mich fühlen, wenn dies oder jenes auftaucht?" wirkt Wunder! Viel
Freude beim Üben, denn das ist lustig und sehr befreiend! Es
bringt dich in deine Schöpferkraft, nährt dich ungemein und
erhöht dein Selbstbewusstsein und deinen eigenen Respekt
vor dir selbst.

ICH STELLE MIR VIELE
FRAGEN ÜBER MICH

Ich möchte mich kennenlernen. Deshalb stelle ich mir viele Fragen über mich. Ich möchte wissen, wie ich bin, was ich denke, was mein Unterbewusstsein mit mir anstellt, und ich bin neugierig auf mich und meine Macht, mich zu verändern. Bist du das auch bei dir? Hat dir dein Verstand vielleicht gerade gesagt: „Dafür haben wir keine Zeit!" oder „Ja, aber wann soll ich das machen – ich habe ja jetzt schon keine Zeit für mich!"? Auch das musst du ihm nicht glauben! Du wirst viel freie Zeit haben, wenn du einige Dinge nicht mehr tust: dich ärgern, dir viele Sorgen machen, die Realität kritisieren ... Allein dadurch gewinnst du schon einige Stunden täglich!

Doch der Hauptgrund, warum ich mir oft Fragen stelle, ist, dass ich damit meinen Verstand beschäftige. Tue ich das nicht, beschäftigt mich der Verstand. Immer! Stell dir das so vor: Dein Verstand erzählt dir immer Geschichten, wenn er nichts zu tun hat. Wenn ihm fad ist, weil du ihn nicht beschäftigst. Der Verstand ist kräftig, schnell und unglaublich arbeitsam, deshalb langweilt er sich sehr rasch. Und dann erzählt er dir Geschichten. Oft erzählt er dir von Problemen, von Dingen, die dringend verändert gehören. Warum? Das ist quasi Arbeitsbeschaffung für ihn, denn so wird er gebraucht und ist wieder sehr wichtig. Dein Verstand ist ein absoluter Workaholic! Er dreht förmlich und spürbar durch, wenn du ihm keine Aufgaben gibst. Er erzählt dir dann von irgendwelchen Tätigkeiten, die angeblich zu tun sind, nur damit er beschäftigt ist. Wenn er dir also künftig permanent Geschichten erzählt, die sich unangenehm anfühlen, mach dir klar, dass er dir einen Film eingespannt hat. Er verpasst dir ein Kino, in dem du sitzen bleiben darfst oder eben nicht. Deshalb erinnert dich der Körper daran, indem er dir ein unangenehmes Gefühl, zum Beispiel Stress, verursacht: Du sitzt gerade im Kino und bist nicht im Hier und Jetzt, also da, wo du im Augenblick mit deinem physischen Körper anwesend bist. Du verläufst dich in einem Film. Ich möchte dich ermutigen, deine Rolle wieder einzunehmen, die du von Haus aus innehaben solltest: *Du* bist der Drehbuchautor, der Regisseur und du bist der Hauptdarsteller deines Lebens. Deines Films – also auch der Kinobesitzer, der Filmeinleger und der Zuseher. Sei dir dessen so oft wie möglich bewusst!

Auf die Frage meiner Klienten: „Welche Fragen stellst du dir denn da ständig?", antworte ich gerne: „Vollkommen egal! Am liebsten etwas, was mich gerade interessiert!" Das Mir-selbst-Fragen-Stellen holt mich immer sofort ins Hier und Jetzt! Großartig! Mittlerweile frage ich meinen Körper einfach sehr oft, wie es ihm geht. Das heißt: Ich gehe sehr bewusst ins Fühlen! Wie fühlt sich dies an, wie jenes? ... Was macht es mit mir, wenn ich das höre, sehe, rieche? Sehr spannend! Du kannst deinem Verstand natürlich auch befehlen, dass er dir alle Hauptstädte Europas aufzählen soll, die Primzahlen bis 200, wo deine Lieblingspizzeria ist, wie viele Schritte es noch bis zur Haustüre sind, wo du in den nächsten zwei Jahren noch hinreisen willst, wie deine Verehrer nach dem Alphabet sortiert heißen ... Interessanter könnte es werden, wenn du dir Fragen stellst wie: Wem könnte ich heute noch eine Freude bereiten? Wie werde ich mich abends noch verwöhnen? Wofür will ich heute noch dankbar sein? Was kann ich abends meinem Spiegel im Bad erzählen, um meine Selbstliebe zu fördern? ... Lass deiner Fantasie freien Lauf und habe bitte auch Spaß dabei! Wie gesagt, du lernst dich sehr, sehr gut kennen dadurch! Und du wirst fühlen, wie mächtig du bist! Es ist nicht schwierig! Sei wieder wie ein kleines Kind, das alles wissen will! Warum ist der Himmel blau? Hast du eine Antwort darauf? Es wird eine auftauchen, egal welche. Dazwischen empfehle ich immer wieder einmal, den Körper abzufragen, damit du die Erfahrung nicht verpasst, dass es dir dabei nie schlecht geht! Und dein geliebter Verstand darf das ruhig kindisch und sinnlos finden ...

Über Vegetarier und Nichtraucher

Dieses Kapitel könnte auch betitelt sein: „Über Tierliebhaber und Esoteriker" oder „Über Umweltschützer und Nichtfernseher", „Über Meditierer und Pilates-Trainierer", „Jogger und Radfahrer" ...

Ich möchte eine spannende Beobachtung mit dir teilen. Bist du ein Mensch, der Raucher, Fleischesser, An-Engel-Glauber, Motorsport-Zuseher, Hundebesitzer, Alkoholtrinker, Swinger-Club-Geher ... (frei einsetzbar!) unmöglich findet? Oder kennst du zumindest solche Menschen oder Menschen, die solche Menschen kennen, die das auch tun? All denen ist dieses Kapitel gewidmet. Ich beobachte schon seit geraumer Zeit, dass es sehr viele Gruppierungen von Menschen gibt, die ihren Weg als den einzig guten beurteilen, den besseren, den erleuchteteren. Viele Nichtraucher verurteilen, oft sehr massiv, alle Raucher. Sie protestieren auch gegen einen Raucherwaggon am Ende des Zuges!? Niemand würde sie zwingen, jemals dorthin zu gehen, niemals gäbe es einen Grund, sich davon belästigt zu fühlen – und dennoch. Viele Vegetarier verurteilen Menschen, die Fleisch essen. Sie regen sich über jeden Würstelstand auf, jede Leberkäsesemmel und über jede Grillerei. Wozu? Ein bewusster Vegetarier nimmt kein Fleisch zu sich, weil es ihm guttut oder er triftige Gründe hat, warum er sich so entschieden hat. Er kümmert sich jedoch nicht darum, ob andere Menschen noch weiterhin Fleisch essen. Es genügt, wenn du dir deines Weges bewusst bist, du brauchst nicht für andere Leute zu entscheiden, was gut für sie ist. Verurteilung anderer fügt dir Leid und Schaden zu. Teilgruppen der medizinischen Forschung bestätigen mittlerweile, dass einige Nichtraucher deshalb an Lungenkrebs leiden, weil sie sich tagein, tagaus über jede sichtbare Zigarette ärgern, weil sie ständig alle belehren und mit ihren Händen fuchteln – egal, ob in geschlossenen Räumen oder in Gastgärten, beim Spazierengehen oder bei einem Bergsee. Sie nützen jede Gelegenheit, sich und die anderen fertigzumachen. Unglaublich! Wenn du willst, dass dir viele Menschen folgen, dass sie ebenfalls deiner Gruppe angehören sollen, dann lebe ihnen vor, dass du glücklich bist. Das ist der Magnet. Wenn es sichtbar ist, dass es dir gut geht, dass du fröhlich und entspannt bist, werden dir Menschen glauben. Frustrierte Rumnörgler bekommen keine Fans, schon gar nicht unter jungen Menschen! Wenn du etwas gefunden hast, was dir Freude bringt, tu es. Wenn du etwas gefunden hast, womit es dir besser geht, mach es. Hüte dich vor der Verurteilung aller, die deine Vorstellung nicht teilen. Du erschaffst einen mächtigen Feind – in dir!

Immer wieder stelle ich fest, dass Menschen sich gerne Feindbilder schaffen und diese auch pflegen. Auch unter den sogenannten hochspirituellen Menschen ist dieses Verhalten weitverbreitet! Sie verteufeln dieses und jenes und dass es noch so viele Menschen gibt, die das eine oder andere tun oder nicht tun. Oft dokumentiert, zum Beispiel auf Facebook, durch grausamste Fotos und Videos. Sie wollen abschrecken, zeigen Tiermorde und gehäutete, blutende Lebewesen. Was macht das mit den Zusehern und Lesern? Sie bekommen oft Ekelgefühle oder so etwas wie ein schlechtes Gewissen. Viele lernen dadurch Grausamkeiten kennen, und was solche Bilder und Botschaften mit noch jungen Menschen machen, will ich gar nicht mehr erwähnen. Außer, dass viele diese Bilder auch teilen und weiterleiten, weil das *so* cool aussieht. Die Verteiler solcher Botschaften wollen, natürlich meist ohne ihre wahren Beweggründe bewusst wahrzunehmen, anderen ein schlechtes Gewissen machen, ihre schlechten Gefühle vermehren und verbreiten. Energiemäßig gesehen, ist das meiner Meinung nach keine sehr ehrenwerte Sache. Wer sich mit einer bestimmten Thematik auseinandersetzen will, tut es und kann das immer machen. Wer mehr Leute für eine sogenannte gute Sache begeistern will, hat andere Möglichkeiten, als die gegenteilige Meinung oder Haltung schlechtzumachen und zu plakatieren. Man kann die Begeisterung für die Sache mitteilen, indem man sie selber lebt und dadurch glücklich durchs Leben läuft. Wenn du ein strahlender, zufriedener, glücklicher Mensch bist, kommen andere Menschen auf dich zu. In guter Energie, in Liebe. Ein Kampf gegen etwas hat immer kriegerische Energie und ist absolut unfriedlich. Einfach zum Nachdenken ... Danke!

Schön, dass so viele Menschen wissen, was gut für mich ist

Lebenspartner, Freunde, Eltern, Kinder, Arbeitskollegen ... sie alle wissen, was ich tun soll, was ich lassen soll, was ich mehr machen oder nicht mehr tun soll. Womit ich mich mehr beschäftigen soll, womit ich aufhören soll. Echt cool ist das!

Gibt es in deinem Leben auch Personen, die dir immer wieder sagen, dass du mehr Sport treiben, weniger rauchen, mehr lesen, weniger fernsehen, mehr meditieren oder mit den Kindern spielen, mehr Ordnung halten, langsamer Autofahren ... solltest? Kurzum, dass du anders sein solltest, als du gerade bist. Oder, was fast noch spannender ist, bist auch du so jemand, der anderen Menschen immer wieder gute Ratschläge gibt? Zählst du zu jenen, die genau wissen, was der Partner (Chef, deine Nachbarin, dein Arbeitskollege ...) machen sollte? Hast du dir schon einmal die ehrliche Frage gestellt: „Woher soll ich wissen, was für diese Person das Beste ist?" Oder ist das, was ich für den anderen anstrebe, im Endeffekt nur das Beste für mich? Bin es vielleicht nur ich, der etwas jetzt haben will, damit es mir ein wenig besser geht? Wozu tue ich das? Wäre es für mich bedeutend besser, wenn mein Kind ordentlicher ist? Besser, wenn mein Kollege freundlicher wäre?

Natürlich ist auch dies wieder ein angelerntes, altes

Programm. Sogar eines, das so richtig tief sitzt und von Menschen kaum jemals hinterfragt wird. Mama, Papa, Oma und Opa, mein Pfarrer und meine Partnerin, meine Lehrer und Nachbarn, einfach alle mischen sich mit wohlmeinenden Ratschlägen an andere in deren Leben ein. Also auch ich!

Das Erstaunliche an diesem Programm ist, dass es quasi überall auftaucht und in jeder Lebenslage verwendet wird. Ganz gleich, wo ich bin, überall ist hörbar, wie Menschen anderen Empfehlungen mit auf den Weg geben: auf der Straße, im Bus, im Kaufhaus (vor allem in der Nähe von Umkleidekabinen), in der Kirche, beim Autohändler, im Schwimmbad, in Bars und Kaffeehäusern, in jedem Wohn- und Kinderzimmer, in der Schule, einfach überall. Unsere eigene Ansicht von „Wie-andere-Menschen-sein-sollten" ist für viele oft unumstößliche Wahrheit. Deshalb ist der körperliche Druck in der Brustgegend, dieser Schmerz, der durch diese Vorstellung entsteht, relativ heftig. Was den Schmerz auslöst, ist der Widerstand gegen die Realität (siehe Kapitel – „Wie wir die Realität immer wieder ablehnen"), und hier konkret die Vorstellung, wie die Realität als Nächstes aussehen sollte. Irgendetwas in uns hat also eine genaue Ahnung davon, wie sich im nächsten Augenblick unsere Welt zu zeigen hat. Meist bezieht sich unsere Vorstellung jedoch nicht auf unser eigenes Leben, also darauf, was wir selbst als Nächstes tun, sagen oder denken werden, sondern darauf, was andere als Nächstes zu tun haben. Ich finde das wirklich amüsant und grandios, wenn man sich das einmal detailliert vor Augen führt. Ich behaupte also, dass ich genau weiß, was mein Partner anziehen sollte, was er häufiger machen sollte und was weniger oft, was das Beste für ihn ist, was seinem Körper guttut, welche Bücher er lesen soll, wie er seine Freizeit verbringen soll ... die Kette ist endlos!

Diese Zeit könnten wir genial für uns selbst nutzen, denn

das wäre okay. Genau genommen sollten wir uns genau diese Fragen immer wieder stellen, indem wir das *Du* gegen ein *Ich* tauschen. Und schon wären wir ziemlich bewusste Menschen, die sich selbst schätzen und achten.

Die Personen, von denen wir anscheinend wissen, wie sie im nächsten Augenblick zu sein haben, reagieren dann meist etwas irritiert. Knallrot – von stinksauer bis wütend, oder orange – von angewidert bis „Warum-ist–der-schon-wieder-da?“. Der Widerstand nach solchen Ansagen ist sichtbar und spürbar. Woher kommt das? Es erinnert uns an unsere Kindheit. Da gab es ja auch ständig jemanden, der herummoserte und uns sagte, wie wir sein sollen. Diese Erinnerungen tauchen bei solchen Ansagen auf und wir verspüren ähnlichen Schmerz wie damals als Kind. Ohne uns klarzumachen: „Bin ich jetzt noch ein Kind? Bin ich zehn? Oder elf?“ Allein mit dieser Frage wären wir schon aus dem Drama befreit, und uns würde bewusst sein, dass ich zumindest jetzt auf das Gesagte reagieren darf, wie ich will. Als wir Kinder waren, war das komplett anders! Unser Kopf kann sich allerdings auch noch erinnern, was passierte, wenn wir Nein sagten oder das Geforderte nicht brachten. Dieses Programm hindert heute Millionen (altersmäßig) erwachsene Menschen daran, das zu tun, was sie tun wollen. Zu sagen, was sie sagen wollen. Diese Angst vor Bestrafung und Abgelehntwerden sitzt uns tief in den Knochen. Da lehnen wir uns doch eher selbst ab, sind feige und tun, was der andere will. Mit viel Ärger und Wut im Bauch, meist über den anderen – in Wahrheit jedoch nur über uns! Mehr darüber im Kapitel „Lebe dein eigenes Leben“.

WIE VIEL ZEIT VERBRINGST DU IN DEN KÖPFEN ANDERER PERSONEN?

Sich damit auseinanderzusetzen, was ein anderer gerade denkt oder fühlt, ist Volkssport „Nummer 1"! Bei Frauen ist er meist noch beliebter als bei Männern. Einmal ehrlich, was denkst du, wie viel Zeit du täglich in Köpfen anderer Menschen verbringst? Aus meiner Sicht ist das einer der Gründe, warum sehr viele Leute immer jammern: „Ich habe keine Zeit!" Sitzt du öfter zu Hause oder im Auto und denkst: „Hoffentlich vergisst er nicht, noch Brot zu kaufen", „Diesmal wird sie doch pünktlich sein", „Wo bleibt er denn bloß?" oder „Ich weiß genau, was er dann wieder sagen wird!", „Wann ruft sie endlich an?" ... Auch hier kannst du die Liste wahrscheinlich endlos fortführen.

Wir verbringen enorm viel Zeit mit solchen reinen Spekulationen, führen sie weiter und weiter. Das sind echte Zeiträuber, die sich meist nicht gut anfühlen. Besonders wenn wir auf jemanden warten, ist das genial.

Gehen wir folgendes Beispiel einmal genau durch. Je mehr du dich auch bildlich auf das Beispiel einlässt, desto leichter kannst du es nachvollziehen.

Du möchtest deinen Schatz mit einem tollen Abendessen überraschen. Du gehst einkaufen, zum Friseur, kochst aufwendig, ziehst dich schick an, suchst schöne Musik aus, sorgst für Kerzenschein, denn ... dein Schatz kommt *immer* um 19.00 Uhr heim. Außer diesmal! Es ist schon 19.15 Uhr und er ist immer noch nicht da. Was geht jetzt in dir vor? Welche Gedanken denkst du? Eine leichte innere Unruhe sollte jetzt fast bei jedem zu spüren sein. Es ist 19.30 Uhr und er ist immer noch nicht da, auch keine Nachricht von ihm. Jetzt schickst du ihm eine SMS und rufst ihn an. Er antwortet nicht und schreibt auch nicht retour. Was ist jetzt in dir los? Wie geht es dir jetzt? Jetzt kannst du vielleicht schon Ärger und Wut in dir wahrnehmen. Falls er bis 20.30 Uhr immer noch nicht da ist und du keine Meldung von ihm bekommst, machst du dir vielleicht Sorgen – es könnte ja auch etwas passiert sein. Dadurch würden deine Gedanken vielleicht wieder etwas milder ihm gegenüber. Ganz gleich, wann er nun tatsächlich heimkommt, ich behaupte, dass jetzt eine ziemliche Handgranate auf ihn daheim wartet. Falls er erst gegen 24.00 Uhr heimkommt, stellt sich kurz Erleichterung ein, dass ihm nichts passiert ist, und dann explodiert die Granate. Kommt er bereits gegen 21.00 Uhr, läuft er direkt in die Granate. Laut meiner Erfahrung ist dies der Normalfall. An dieser Stelle ist es mir wichtig, zu betonen, dass die wartende Person tatsächlich noch keine Ahnung hat, wo er gewesen ist und warum er viel später als sonst gekommen ist!

Ich denke, wir sind uns einig, dass sich emotional seit 18.45 Uhr einiges bei ihr verändert hat – mehrmals! Und ich behaupte, dass sie denkt, dass er schuld daran ist, dass es ihr so schlecht ergangen ist, oder? Ich behaupte: Er kann gar nicht schuld sein! Er war ja gar nicht da!

In Wahrheit hat sie sich ganz allein zu Hause fertiggemacht mit ihren Gedanken! Mit Gedanken über ihn und über sich selbst. Vielleicht hast du auch einige Sätze in dir gehört, die du in so einem Fall denken würdest! „Das ist wieder typisch er!", „Warum bin ich wieder so blöd gewesen und wollte ihn überraschen!", „Hätte ich mir denken können, dass das wieder schiefgeht!", „Sicher ist er wieder beim Saufen mit den Kollegen!" oder „Wahrscheinlich ist er mit der neuen Kollegin noch etwas trinken gegangen!", „So etwas werde ich nie wieder für ihn machen!", „Der kann sich freuen, wenn er heimkommt!", „Der ist sicher beim Feiern und ich warte hier wie eine blöde Kuh! Komm mir du einmal nach Hause!" Hier sind wir bei den häufigsten Gedanken. Doch diese Gedanken zeigen in Wahrheit nur meine innere Haltung gegenüber der Person, auf die ich warte, und meine Gedanken über mich! Ich könnte ja auch denken: „Wahrscheinlich ist sein Handy leer. Sicherlich hat er jemandem geholfen. Vielleicht einer alten Frau, und nun ist er im Spital, wo er kein Handy einschalten darf. Vielleicht holt er noch die Kinder der alten Dame." Wie fühlt sich das an? Wie gesagt, wir wissen immer noch nicht, warum er später heimkam! Doch es macht einen riesigen Unterschied, was ich über die Situation denke. Die zwei Hauptgruppen der meistgedachten Gedanken sind entweder selbstverurteilend oder den anderen verurteilend! Von Liebe, Vertrauen und Selbstliebe zeigt sich dabei kaum eine Spur. Immer noch ganz egal, wie es wirklich dazu kam, da wir zu dem Zeitpunkt noch keinerlei Chance hatten, etwas zu wissen. So sieht also ein Szenario beim Warten aus, wenn jemand nicht gut für sich sorgt und bei sich bleiben kann, sondern in anderen Köpfen herumgeistert.

Machen wir noch einen Blick in den Kopf des Zuspätkommenden – also zu jenem, von dem die Wartende annimmt, dass er es sich einfach gutgehen lässt!

Nehmen wir etwas Harmloses an. Die Arbeitskollegen lassen dich nicht los und du „musst" noch mit ihnen etwas trinken, da es etwas zum Feiern gibt. Um kein Spießer zu sein, lässt du dich überreden (darüber kannst du dann auch noch etwas lesen), die SMS und den Anruf wolltest du neben den Kollegen nicht beantworten, damit die nicht denken, dass du nicht dein eigener Herr bist. Endlich, nach 20.00 Uhr, gehen die ersten Leute und du schließt dich gleich an – bist also für dich ein „Braver". Nun begibst du dich auf den Heimweg. Wie geht es dir? Was sind deine Hauptgedanken, wenn du an zu Hause denkst? Wie fühlt sich das an, wenn du weißt, du hättest um 19.00 Uhr daheim sein sollen? Fühlst du dich super? Normalerweise nicht. Im Gegenteil, in den meisten Menschen tauchen Gedanken auf wie: „Oh Gott, wie werde ich das erklären, und vor allem, wie werde ich das überstehen?" Denn die Haupthaltung ist: „Ich weiß schon, was mich erwartet – und das wird nicht lustig!" Nun werden die meisten eine Strategie haben. Sie werden sich also überlegen: „Wie komme ich am schadlosesten da heraus? Oh, sie wird wieder ausrasten. Vielleicht hole ich noch schnell Blumen, in der Hoffnung, dass sie mir nicht auf den Kopf gedonnert werden, oder ich hole noch schnell zwei Kinokarten für morgen … Jedenfalls werde ich mich reuig und schuldig verhalten, damit es nicht eskaliert." Es wird durchspekuliert, ob man zuerst selbst reden soll oder ob es besser ist, zu warten, was der andere sagt (dies geht übrigens meist in beiden Köpfen vor). Es ist so weit. Zu Hause angelangt – Ding-dong!

Machen wir hier einen kleinen Stopp! Wie spannend haben in diesem Fall beide Personen die Zeit seit 18.45 Uhr verbracht? Wie sind sie mit sich selbst umgegangen, welche Gedanken waren vorherrschend? Wie war der dementsprechende Gefühlszustand? Ich behaupte, alles selbst gemacht! Denn beide haben keine Gewissheit, was jetzt passieren wird – die Vorahnung genügt.

Ding-dong! Beide harren in vollem Stress der Dinge, die kommen. Was auch hier interessant ist, ist, dass in den meisten Fällen die Wartende auch jetzt abwartet, was kommt. „Wie wird er sich rechtfertigen?" Und glaube mir, die Bandbreite der Antwortmöglichkeiten ist sehr schmal, wenn es halbwegs gut ausgehen soll! Sie muss sich nämlich zu

100 Prozent mit der Vorstellung des Akzeptablen der wartenden Person decken – ansonsten geht das Ding hoch! Fühlt sich nach gröbster Abhängigkeit an, oder?

Überprüfe für dich kurz folgende Antworten:

„Es tut mir total leid, aber ich konnte nicht aus. Die haben mich einfach mitgenommen und das Handy habe ich in der Jackentasche vergessen."

„Ich weiß, ich habe voriges Jahr gesagt, es ist das letzte Mal, aber es ist heute wieder passiert. Verzeihst du mir noch einmal?"

„Brauchst gar nicht erst zu meckern. Bin ja nun da!"

„Hallo Schatz, mein Chef hat heute Geburtstag. Er hat uns alle ins Puff eingeladen, und ich durfte gratis mit einer Afrikanerin, einer Chinesin und einer Indianerin Sex haben. Wie oft im Leben hat man dazu Gelegenheit? Ich konnte einfach nicht Nein sagen, und jetzt bin ich ziemlich hungrig!"

Hm, da gibt es Unterschiede, oder?

Damit will ich aufzeigen, wie sehr wir wieder auf andere angewiesen erscheinen, wir reagieren … weil wir nicht bei uns selbst sind. Weil wir uns nicht im Klaren sind, wer wir jetzt sein wollen, wenn so etwas passiert. Will ich in der Liebe bleiben? Immerhin ist es der Mensch, den ich liebe und mit dem ich vielleicht noch geraume Zeit verbringen möchte. Will ich ihn kaputtmachen? Muss er jetzt bestraft werden, damit er etwas lernt? Denn an dieser Stelle weiß die Wartende noch immer nicht genau, wo er war! Sie wird blitzartig reagieren, ohne die Wahrheit zu wissen. Sie wird vielleicht sogar denken: „Der lügt doch!"

Ich hoffe, du verstehst, welche Streiche uns unser Verstand spielt, wenn wir nicht „daheim" sind, sondern in anderen Köpfen rumgeistern.

Bei einer der obigen Antworten wirst du vielleicht ausrasten, bei einer anderen drohen, ihn zu verlassen, bei einer weiteren vielleicht ein Aspirin für ihn holen, je nachdem, was die Antworten in dir auslösen. Ein möglicher Krach, der sich vielleicht an diese Szene anschließt, wird von manchen Menschen dann über einen langen Zeitraum aufrechterhalten. Die Palette reicht von Liebesentzug über mehrere Tage oder Wochen über Stillschweigen in ähnlicher Länge bis hin zu Folgestreitigkeiten etc. Du kennst das, oder?

Wenn jemand gut für sich sorgt, das heißt, sich dessen bewusst ist, was er tut, wie könnte so jemand als Wartender reagieren? Fühle wieder mit, damit du den Unterschied erkennst.

Gehen wir zurück auf 19.00 Uhr. Du registrierst, dass er noch nicht da ist, kurzes Unbehagen. Du schickst eine liebevolle SMS, wie lange es circa dauern wird, beschließt, bis 19.10 Uhr auf Antwort zu warten. Da keine Antwort kommt, rufst du eine Freundin an oder die Nachbarin, jemanden aus deiner Umgebung, den du immer schon näher kennenlernen wolltest, sagst ihr, dass du lecker gekocht hast und sie einladen willst. Dann machst du einen Prosecco auf und genießt den Abend mit deiner Freundin. Nun wäre es ziemlich egal, wann dein Partner heimkommt, denn du bist gut versorgt!

Wenn nun dein Partner um 21.00 Uhr heimkommt, wie wäre das für ihn? Er bemerkt, dass er sich umsonst Sorgen wegen der Handgranate gemacht hat, ist total erleichtert und freut sich! Ein wenig sauer zwar, weil sein leckeres Mahl nun weg ist, aber befreit. Die meisten würden denken: „Was habe ich für eine tolle Partnerin! ... und das nächste Mal komme ich pünktlich, denn der Braten war bestimmt gut!"

Die Welt ist für alle erheblich bezaubernder, wenn wir es stark reduzieren, in anderen Köpfen zu sitzen!

Burn-out – eine Folge
unbewussten Lebens

Irgendwie komme ich nicht umhin, in diesem Buch meine Meinung über Burn-out darzustellen. Gerade in letzter Zeit wurde ich mehrmals zu diesem Thema befragt und zu Vorträgen eingeladen. Ich bekam Kontakte zu Burn-out-Coaches und Prophylaxe-Trainern. Und da ich von Grund auf neugierig bin, höre ich mir auch gerne Vorträge zu diesem Thema an. Zu oft regte sich in mir Widerstand zu Darstellungen der Medien und vielen Artikeln in Zeitschriften und Zeitungen, deren Beschreibungen von der „Krankheit" Burn-out sprachen. Als wäre Burn-out ein Virus, gegen den es kein Heilmittel gibt. Man muss warten, bis man befallen wird, dann kann man etwas tun – und immer wieder kommt die Aussage: „Es kann jeden treffen! – Auch dich! Aber mit einer ein- bis zweijährigen Auszeit kriegen wir dich vielleicht wieder hin." Wow! Das macht Angst! Und Angst hat Menschen schon immer bewegt. Was ich dann sehr rasch beobachtete, war ein Phänomen. Viele Menschen, die über Symptome der Krankheit lesen, stimmen innerlich immer wieder zu: „Ja, so ist es bei mir auch. Ja, das kenne ich auch. Ja, so ist es bei mir. … Ja, ich denke, ich habe auch schon Burn-out – oder es ist schon ganz nah …"

Allein die Bezeichnung „ausgebrannt" … da müsste ich ja unbedingt vorher für etwas brennen, damit ich dann ausgebrannt sein kann. Ich kenne nur sehr wenige Menschen, die im Alltag für etwas Feuer und Flamme mit Begeisterung sind – für die wäre eigentlich Burn-out reserviert. Alle anderen haben vielleicht ein Bore-out, ein Ich-langweile-mich-hier-zu-Tode-Syndrom. Die Anzahl jener, die von ihrer Arbeit gelangweilt ist, ist meiner Meinung nach schon größer. Aber dieser seltsame Orden des Burn-out scheint eine unglaubliche Anziehungskraft zu haben. „Ich habe Burn-out!" klingt einfach besser als „Ich habe eine Depression" oder „Ich komme mit meinem Leben nicht klar". Eine Zeit lang war es ja Männern vorbehalten, Burn-out zu haben, Frauen hatten Depressionen, mittlerweile ziehen die Frauen schon nach. Du merkst vielleicht einen leichten Sarkasmus bei mir, aber momentan rasen meine Finger über die Tastatur, damit ich ja nichts vergesse, was so richtig wichtig zu diesem Thema sein könnte und was sich schon so lange in mir immer wieder zu diesem Thema breitmacht. Es ist ja großartig, was man im Internet alles darüber findet, Burn-out beschäftigt richtig viele Menschen auf unserem Teil der Erdkugel. Oder kennst du einen Burn-out-Jamaikaner oder Burn-out-Betroffene in Tansania oder Burkina Faso? Offensichtlich muss Burn-out irgendetwas damit zu tun haben, wie wir dieses Leben leben. Hier wird meist beschrieben, dass Chefs, Angestellte, Kinder, Partner und viele andere Menschen Burn-out *machen*. Dann lese ich, dass so Dinge wie die Gesellschaft, der Zeitdruck, der Konkurrenzkampf, die Quoten und vieles mehr auch Burn-out *machen* können. Es ist also ein körperlicher Zustand, der von verschiedensten Personen und auch von unterschiedlichsten Konzepten gemacht werden kann. Das, was die gemacht haben, kann mich dann infizieren, und dann bin ich von Burn-out befallen und werde krank. Echt cool, oder? Glaubst du das auch? Was diese sogenannte Krankheit angeblich auch noch auszeichnet, ist die Tatsache, dass es angeblich acht bis zwölf Stufen gibt (bei manchen sind es sogar 18, die Zahl variiert), die man mühsam erklimmen muss, um endlich die Bescheinigung für Burn-out zu erhalten. Ab Stufe 4 sollte man schon einen Arzt hinzuziehen, der einem Medikamente verschreibt. Ich lasse mir das jetzt nicht einfallen, ich habe das erlebt – mit edler, hochaufwendiger Powerpoint-Präsentation, mit emotionalen Bildern, mit Rednern, die selbst scheinbar auf Stufe 8 waren. Ich habe mich dann mit Ärzten meines Vertrauens zusammengesetzt (das sind Ärzte, die nur pharmazeutische Medikamente verschreiben, wenn es momentan keine andere Hilfe gibt – nebenbei ein Danke für manch geniale Medikamente) – und über Burn-out geredet. Dabei tauchte für mich erstmals der wunderbare Begriff eines „Aufmerksamkeitsdefizit-Syndroms" auf. Das fand ich genial! Meine innere Stimme sagte mir immer schon, dass es etwas mit Aufmerksamkeit bei all den Betroffenen zu tun hat.

Gespräche mit Burn-out-Patienten bestätigten mir zu 100 Prozent, dass sie entweder auf etwas Bestimmtes aufmerksam machen wollten oder – und das war fast noch häufiger – sie Aufmerksamkeit bekommen wollten! Von wem auch immer ...

Alle hatten das Gefühl, dass sie zu wenig gehört wurden, zu wenig beachtet wurden, zu wenig geschätzt wurden, zu wenig gelobt wurden, sich nicht mehr geliebt fühlten ... „Ich bin früh aufgestanden, habe hart gearbeitet, Überstunden gemacht, die Arbeit meines wegrationalisierten Kollegen auch noch übernommen, dann bin ich heimgekommen, wurde kritisiert, dass ich jetzt erst nach Hause komme, dass ich auch abends noch daheim arbeite, anstelle mit den Kindern zu spielen. Ich war total erschöpft, hatte keine Lust mehr auf Sex, konnte kaum schlafen, da ich immer schon an den nächsten Tag dachte, was es zu tun gibt und dass es sich wieder nicht ausgehen wird, und niemals, niemals kommt jemand und sagt ‚Danke, das hast du gut gemacht ...', ‚Schön, dass du wieder da bist ...'" Eher bei Frauen (Müttern) kommen folgende Aussagen: „Ich bin immer als Erste aufgestanden, habe Frühstück gemacht, wurde angemotzt, warum ich schon wieder aufwecke, habe dann das Haus in Schuss gehalten, war einkaufen, musste immer entscheiden, was ich koche, das musste pünktlich sein, dann Abwasch, Wäsche, Kinder, lernen, zusammenräumen, putzen, Kinder zum Training bringen, abholen … und dann kommt mein vollkommen überforderter Partner heim, den musste ich bedienen, ich wollte endlich reden, er nur fernsehen, das Theater, die Kinder ins Bett zu bringen, total ermattet ins Bett, auch keine Lust auf Sex …" – Und so ergeht es manchen über einen sehr, sehr langen Zeitraum in ihrem Leben. Bei vielen im Beruf, bei manchen in der Familie, gegen Ende bei sehr vielen in beiden Bereichen. Die Konsequenzen und Verhaltensmuster aus diesen Defiziten kannten die meisten Burn-out-Coaches: schleichender Rückzug aus der Gesellschaft, meiden von Vereinen und Menschen, innerer Rückzug, Kontaktarmut, nicht mehr reden wollen, ständig Ermüdungserscheinungen, keine Lust mehr auf irgendetwas … nicht einmal mehr auf das, was früher richtig Spaß gemacht hat. Wenn du das sehr lange erlebst, dann freut dich nicht einmal mehr das Duschen, und auch das Rumzappen beim Fernsehen wird schon anstrengend. Geschafft!

Jetzt gibt es dafür einen Orden. „Du bist ausgebrannt!" – „Du hast dich so angestrengt in deinem Leben, hast alles für die anderen gemacht." – „Keine Kosten und Mühen gescheut!" – „Dir selbst nichts gegönnt!" – „Hast dich immer aufgeopfert!" – „Für andere!" – „Immer brav den Mund gehalten und runtergeschluckt!" – „Du hast funktioniert" – „Du warst sehr brav!"

Als kleines Dankeschön bekommst du einen Burn-out-Schein vom Arzt, der dich berechtigt, dir nun dein Leben anzuschauen, wie du es in den letzten Jahren gelebt hast. Jetzt hast du nämlich eine Ausrede nicht mehr: „Ich habe ja keine Zeit dafür!" Jetzt hast du viel Zeit! Zwischen den Therapie-Einheiten. Es gibt keinen Chef, keine Familie, keine Angestellten, meist kein Handy, keinen Computer, kein Auto, einfach viel Zeit.

Ich denke, wir leben in einer Zeit, in der es enorm wichtig ist, aus unserem unbewussten Dornröschenschlaf *aufzuwachen*! Aufzuwachen und Verantwortung für das eigene Leben zu übernehmen – in allen Bereichen! Und das können wir auch, ohne dass uns ständig der Körper dazu zwingt!

Denn das tut der *Körper* offensichtlich! Er zwingt uns, hinzuhorchen und hinzuschauen. Unsere Gesundheit wissen wir sehr zu schätzen, *wenn sie weg ist*. Krankheit in jeder Form zwingt uns ins Hier und Jetzt! Jetzt *musst* du etwas dagegen tun, etwas erkennen. Meist zwingt sie dich zur Ruhe oder zumindest auf die Bremse – die Bremse deines unbewussten Erschaffens. Vielleicht komme ich in diesem Buch noch dazu, auch das genauer zu erklären, vielleicht aber erst im nächsten.

Zurück zu den für mich wichtigsten Burn-out-Aussagen und Gedanken. „Ich werde von anderen zu wenig gehört, zu wenig beachtet, zu wenig geschätzt, zu wenig gelobt, ich fühlte mich zu wenig geliebt!" Als ich dann fragte: „Wie sehr hast *du* auf *dich* gehört, du *dich* beachtet, du *dich* geschätzt, *dich* selbst gelobt, *dich* selbst geliebt ... in dieser Zeit?", wurde es meistens sehr still. Von manchen Gesprächspartnern schlug mir hoher Widerstand entgegen, in Form von: „Was meinst du damit?" Ich lade dich nun ein, diese kleine Übung gleich mitzumachen, um zu überprüfen, wie sehr es vielleicht auch dein Leben betrifft.

- Höre ich auf mich? (Auf meine innere Stimme, auf das, was mein Ich zutiefst in mir denkt?)
- Achte und beachte ich mich? (Gehe ich respektvoll mit mir um?)
- Schätze ich mich? (Weiß ich, dass ich ein Schatz bin?)

– Lobe ich mich? (Für meine Taten, meine Fähigkeiten ...)
– Liebe ich mich? (Meinen Körper, mein Verhalten ...)

Wenn *ich* das nämlich nicht tue, warum sollte es jemand anderer tun? Gib dir bitte zehn Minuten Pause ... Ich weiß, das war jetzt heftig! Und nimm dir, wenn es für dich passt, einmal fünfzehn Minuten Zeit oder mehr, dir diese Fragen zu stellen: Wo und wann achte und höre ich auf mich? Wo und wann tue ich das nicht? Diese Übung bringt Klarheit, warum dein Leben jetzt gerade so ist, wie es ist.

Solltest du schon ein Betroffener sein oder ein angehender, möchte ich dir hier versichern, dass es nicht in meiner Absicht liegt, diese Krankheit nicht ernst zu nehmen. Ich will sie nicht kleiner oder harmloser machen! Ich tue hier nur meinen Job! AUFWECKEN!

ERWACHEN! – DEM TAG BEWUSST EINE RICHTUNG GEBEN

Ist dir eigentlich klar, wie wir normalerweise täglich erwachen? Irgendetwas öffnet uns wieder die Augen. Bei manchen ist es der Wecker, bei manchen sind es die Kinder, in der Freizeit ist es oft das Sonnenlicht, das uns aufweckt. Aber was passiert dann? Dies ist ein unheimlich spannender Moment – ein neuer Tag beginnt! Das heißt, du hast „Glück" gehabt und die Nacht überlebt und bekommst nun eine neue Chance, einen neuen Tag, ein neues Leben quasi geschenkt. Und nun heißt es, diesen Tag zu gestalten. Allein dieser Gedanke ist den meisten Menschen schon fremd.

Der „Normalaufsteher" wird also ebenfalls geweckt, er öffnet die Augen oder schließt sie gleich wieder und dann … Was passiert dann? Auf einmal unterhält sich da jemand mit dir! Meist nicht zu nett! Dieser jemand erzählt dir normalerweise gleich eine Menge und müllt dich so richtig zu. „Sch…, ich will noch schlafen! Das gibt es doch nicht, ich bin gerade eingeschlafen. Schon wieder Montag. Ab in die Arbeit. Oh, das Wetter ist auch noch katastrophal. Dann muss ich auch noch das Auto vom Schnee befreien. Jetzt aber ab ins Bad … oh Gott, wie sehe ich denn aus? Heute habe ich noch dazu das blöde Meeting … einkaufen muss ich auch noch gehen … heute muss ich aber wirklich die Wäsche bügeln, ich habe nichts mehr zum Anziehen …"

Ich möchte hier nur einen kleinen Überblick geben! Du weißt dann schon, was ich meine und was dir *dein Denker* erzählt! Jedenfalls erzählt er dir viele Geschichten, was heute alles zu erledigen ist und dass das wieder ziemlich anstrengend wird … zumindest an Tagen, wenn du zur Arbeit „musst".

Hast du dich jemals gefragt ob du das wirklich denken musst? Ob du dir diese Geschichten anhören musst? Diese Art von Gedanken bringen dich nämlich normalerweise gleich in ein sehr unbehagliches Gefühl, obwohl du gerade einen neuen Tag geschenkt bekommen hast! Du musst diese Gedanken nicht denken! Du könntest dich zum Beispiel stattdessen bewusst mit deinem Verstand unterhalten. Du kannst ihm sagen, dass du dir das jetzt noch nicht anhören willst, sondern dass du noch zwei Minuten liegen bleibst, um dir ein paar Dinge bewusst zu überlegen. Wer will ich heute sein? Wie will ich heute durch die Straßen gehen? Wie werde ich mich sinnvoll beschäftigen, wenn ich im Stau stehe? Wie will ich heute auf Menschen zugehen? Heute kann ich alles anders machen als gestern! Heute werde ich mehr auf meine Gefühle achten! Und wenn mir etwas Unangenehmes ins Leben rollt, werde ich sehr bewusst auf mein Körpergefühl achten und mich nicht fertigmachen. So – und nun bin ich frisch und stehe fröhlich auf! … Und putze dem tollen Kerl (der süßen Maus) die Zähne. Das wäre doch gelacht, wenn dies kein genialer Tag wird! Ich werde heute vielen wunderbaren Menschen begegnen … die Welt ist wunderbar! Und damit du weißt, dass ich es ernst meine, gehen wir heute verkehrt ins Bad – im Moonwalk-Schritt!

Ja, ich weiß, ich habe übertrieben! Das dauert nicht einmal zwei Minuten! Aber weißt du, was es bewirkt, wenn du dem Tag bewusst eine Richtung gibst? Ausprobieren gibt dir die Antwort und die Sicherheit, dass es mächtig etwas verändert!

In diesem Fall bist es nämlich du selbst, sehr bewusst, der die Sender und Empfänger für den heutigen Tag einstellt, und du bist der Entscheider dessen, worauf du heute achten willst. Die meisten Menschen haben einfach vergessen, dass wir selbst entscheiden können, was wir tun, und haben gar keine Ahnung mehr davon, dass sie derart mächtig sind. Dein komplettes Körpergefühl wird sich verändern, du wirst etwas anderes ausstrahlen und dadurch auch leistungsfähiger sein. Dein Körper wird es dir danken, dass du dich nicht wieder durch Sorgen und Ängste „vergiftest" und dein Immunsystem schwächst. Auch dein Selbstwertgefühl wird dir gutes Feedback geben. Das alles sind gute Gründe, es einfach einmal zu tun und dir jeden Tag aktiv zu geben. Du kannst dich ja, falls es dir nicht guttut ... wieder „zurück entscheiden" und es so machen wie bisher.

Die meisten Menschen, die jedoch mit dieser Änderung angefangen haben und täglich neu und bewusst den Tag beginnen, wollen damit nicht mehr aufhören. Denn die Tage verlaufen einfach um ein Vielfaches besser!

LEBE DEIN EIGENES LEBEN – SONST TUN ES ANDERE FÜR DICH!

Wenn du deinen Raum nicht einnimmst, nehmen ihn andere für dich ein! Kennst du das? Ich will dich hier wieder ermutigen, dein „Ding" durchzuziehen, wenn dein Herz dich treibt. In unserer Gesellschaft werden die meisten Menschen zu braven, sanften Lämmern erzogen, ohne sich dessen bewusst zu sein, dass sie eigentlich Löwen sind. Kräftige, starke Wesen. Wir wurden erzogen, um zu funktionieren. Wer funktioniert, macht keine Probleme, wer den Ball flach hält, fällt nicht auf und schwimmt in der Masse kaum sichtbar umher. Selbstbewusste Personen werden meist als Egoisten abgeurteilt und fühlen sich für die Masse meist unangenehm an.

„Magst du noch ein Stück?" – „Nein, danke!" (Eigentlich möchte ich ja schon, aber das letzte Stück nimmt *man* sich nicht.) – „Na, dann nehme ich es mir!" oder „Wo willst du sitzen?" – „Egal!" (Am liebsten würde ich gerne beim Fenster sitzen, aber ich lasse dir den Vortritt.) – „Okay, dann setze ich mich zum Fenster!"

Im Nachhinein beurteilen dann viele, wie unerhört die Vorgangsweise von diesem Egoisten ist. Ärgern können wir uns dann über uns selbst, weil wir nicht die ehrliche Wahl getroffen haben, um lieb und nett zu sein, oder wir verurteilen den anderen, der anders sein sollte. Und da dies ein

Denkfehler ist, reagiert der Körper mit Unbehagen. Je mehr Anstand, Anpassung, Nichtauffallen und Kritiklosigkeit uns anerzogen wurde, desto härter die Rechnung im Erwachsenenleben, wenn diese Bereiche nie umbeurteilt wurden. Querdenker, Gehorsamsverweigerer und Rebellen sind nicht willkommen. Sie sind unangenehm. Und was besonders spannend ist, noch mehr, wenn sie mit ihrer Handlungsweise erfolgreich sind. Widerstandskämpfe stören die vielen Jasager in ihrem Schlaf! Sie erinnern sie daran, dass du ruhig einmal Nein sagen darfst und vielleicht gar nichts Schlimmes passiert. Ich kenne das noch sehr gut aus meinem Leben und durfte bitter erwachen – danke dafür! Bei mir war es die Genügsamkeit, die mir so sehr zu schaffen machte. Total unbewusst, denn ich dachte, dadurch ein großartiger Beitrag für andere Menschen zu sein. Die erhoffte Wertschätzung dafür blieb allerdings meist aus, dafür wuchsen meine innere Unruhe, Wut und Ärger immer mehr! „Für mich passt das schon!", „Nimm du dir zuerst ein Stück!", „Mir ist es egal, wo ich sitze!", „Entscheide du, in welchen Film wir gehen!", „Wenn du willst, können wir noch bleiben oder auch fahren!", *„Entscheide du!"* Heute weiß ich, dass mich diese Genügsamkeit zwei Beziehungen gekostet hat. Heute bin ich diesen wunderbaren Frauen dankbar, dass sie mich dennoch so lange ertragen haben. Dadurch gab ich ihnen so gut wie nie die Chance, mich wirklich kennenzulernen, was meine Bedürfnisse sind, was mir Spaß und Freude bereitet. Ich war einfach überall dabei, machte überall mit, wo man mich hinschob, und versuchte ständig, dabei zu grinsen und nett zu sein. Nicht weil ich tatsächlich so meinungslos war, wie ich mich darstellte, sondern um möglichst keine Differenzen aufkommen zu lassen. Also eher aus reiner Feigheit, der Angst vor Diskussionen und dass ich nicht liebenswert bin, denn aus echter Überzeugung. So musste man mich einfach lieben, dachte ich. Niemals kalkulierte ich mit, wie unglaublich nervig das sein kann und wie spürbar das für andere war. Ich danke für diese große Lektion in meinem Leben und den Mut der Partnerinnen mir das im Nachhinein klar zu vermitteln. Ich durfte in dieser Phase meines Lebens lernen, wie wichtig es ist, auch auf sich selbst zu achten, die eigenen Bedürfnisse klarzustellen und ihnen auch zu folgen. Das ist kein Machogehabe, sondern Selbstliebe und Selbsttreue. Jemand anderen vielleicht zu enttäuschen, sich dabei jedoch selbst treu zu bleiben, gehört zu den mächtigsten Liebesdiensten! Die eigene Wahrheit zu leben, auch wenn sie unangenehm für andere ist, fördert jedenfalls immer Respekt. Seitdem ich wieder diesen Respekt vor mir und meinem Tun habe, bekomme ich ihn auch von außen gespiegelt. Wenn ich Zeit und Raum für mich einfordere, mich klar darstelle, wachsen Selbstliebe, Vertrauen und Selbstvertrauen automatisch. Echte Freunde verliert man dadurch nicht!

Beachte und lebe deine Bedürfnisse

Vorweg ein Tipp: Achte darauf, wie du deine Bedürfnisse beachtest und sie lebst, und darauf, dass du damit dir und deiner Umwelt nicht absichtlich schadest, sondern optimalerweise deinen Mitmenschen noch Freude machst. Wie das Umsetzen funktionieren soll? Kennst du überhaupt deine tiefgründigsten Bedürfnisse? Die Bedürfnisse deines Herzens? Das, was dein Herz zum Tanzen und Singen bringt? Wo echte Freude in dir stattfindet? Um das herauszufinden, rate ich, wieder Zettel und Stift zur Hand zu nehmen und einmal richtig in dich hineinzuhorchen. Ganz gleich, ob deine Wünsche momentan realistisch sind oder nicht. Schreib einfach alles heraus und hör nicht nach einer Seite auf, sondern lass es richtig aus dir herausblubbern, alles darf dabei auftauchen. Wie bei einer guten Fee, der du jetzt all deine Wünsche mitteilen darfst. Ergänze die Liste, wann immer dir in den nächsten Tagen etwas einfällt, das auch noch dazugehört. Dann streiche Dinge, die dir vielleicht gar nicht mehr so wichtig sind, aber trage die Liste ein paar Wochen bei dir und stell dir immer wieder die Frage: „Was sind meine tiefsten Bedürfnisse?"

Wer, was und wie willst du sein? Wo möchtest du unbedingt dabei sein? Was möchtest du noch erleben? Wo willst du noch hinreisen? Mit wem möchtest du dich treffen? Welche Tätigkeit willst du wieder einmal ausführen? Was möchtest du essen? Gibt es ein Spiel, ein Buch, ein Lokal, eine Band, einen Tanzkurs, ein Instrument oder ein Musikstück? Vielleicht fallen dir auch noch Jugendträume ein, die immer noch eine Faszination auf dich ausüben? Frage dich in vielen Bereichen. Du wirst eine grandiose Erfahrung machen, wenn du dich dabei beobachtest, wie es dir dabei geht, wie dein Körper auf diese Gedanken reagiert! Du kannst auch deinen Partner oder deine Freunde einladen, ebenfalls so eine Liste zu schreiben. Ihr könnt euch darüber austauschen, ergänzen oder du machst es nur für dich. Egal! Tu es! Und gib deinem Verstand die klare Botschaft, dass er sich nicht einzumischen hat. – Du bist der Entscheider – und du wirst dich von seinen Gegenargumenten nicht davon abhalten lassen, deine Wünsche zu formulieren! Dein Leben ist nicht in Gefahr, wenn du das jetzt machst!

Im Normalfall ist immer gleich eine Menge an Bedürfnissen dabei, die du dir jederzeit sofort erfüllen kannst! Tu es! Sei interessiert und gespannt, was dabei passiert. Bei vielen Bedürfnissen wirst du, wenn du sie mit jemandem teilst, die Erfahrung machen können, wie unverhofft du Unterstützung zur Bedürfniserfüllung erhältst. Diejenigen, die dich davon abhalten wollen, und solche werden auch dabei sein, haben nur Angst dass du damit erfolgreich bist, denn dann müssten sie auch so mutig sein wie du! Glaube mir, du tust dir und deiner Umgebung einen sehr großen Gefallen, wenn du mehr und mehr auf deine echten Bedürfnisse horchst und sie auch lebst. Weil du es dir wert bist! Dafür bekommst du echte Wertschätzung, weil du den Schatz in dir gefunden hast. Wenn das die Zeit nicht wert ist?

Ich möchte hier nur eines der unzähligen Beispiele anführen, die mir von Teilnehmern beschrieben wurden: „Ich wollte immer schon Heißluftballon fahren! Bereits als kleines Kind hat das Beobachten eines Fesselballons eine unglaubliche Faszination in mir ausgelöst. Ständig dachte ich mir: Wenn ich groß bin, werde ich das einmal machen. Leider erfuhr ich, dass Ballonfahren ziemlich teuer ist und meine finanzielle Lage ist nicht sehr rosig, und so verwehrte ich es mir immer, mir diesen Wunsch zu erfüllen. Ermutigt durch den Vortrag erzählte ich meiner Freundin davon. Sie erwiderte, dass sie jemanden kennt, der so einen Ballon hat, und sie wird sich mit ihm in Verbindung setzen. Es war mir fast peinlich, aber ich fühlte sofort wieder mein Verlangen danach. Anscheinend erkannte meine Freundin diesen Herzenswunsch von mir. Sie organisierte alles: den Ballon, sie mobilisierte viele Freunde, die alle Geld zusammenlegten, um mir diesen Wunsch zu erfüllen! Es war großartig! DANKE!" Dies soll auch dich ermutigen, mehr mit Menschen über deine Herzenswünsche zu reden. Manche werden rascher erfüllt, als sich dein Verstand vorstellen kann!

Es ist also auch absolut okay, andere Menschen um Unterstützung zu bitten, viele werden dir diese gewähren, in welcher Form auch immer. Wenn dein Herz für eine Sache brennt, ist das fühlbar für deine Mitmenschen. Wie würdest du reagieren, wenn so jemand zu dir kommt und um Hilfe, die möglich ist, bzw. um einen Rat bittet? Na also ...

Rituale – wir haben sie als Kind schon geliebt

Ein Ritual ist ein Vorgehen, das immer gleich bleibt und sich regelmäßig wiederholt. In jeder Familie kann das etwas anderes sein. Für mich bedeuten Rituale einfach sehr bewusst gesetzte Handlungen. Es ist Zeit für mich, in der ich etwas mit Absicht für mich mache. Etwas, das mir guttut!

Welche Erinnerungen hast du an Rituale aus deiner Kindheit? Gab es welche? Ein Abendgebet, eine Geschichte von Mama, wenn du brav warst, ein gemeinsames Sonntagsfrühstück, um 17.00 Uhr den Kasperl im Fernsehen, am Dienstag Besuch bei Oma, am Donnerstag Waschtag, ein Lolli am Wandertag, Bettruhe um 20.00 Uhr, am Samstag etwas länger aufbleiben? Welche Rituale hast du geliebt? Welche gehasst? Hat sich das verändert? Stell dir die Frage, von welchem Ritual du dir heute gut vorstellen könntest, es wieder einzusetzen. Gibt es etwas, von dem du es toll fändest, wenn du es einmal täglich, einmal in der Woche oder einmal im Monat fix machen würdest? Gleich nach dem Aufstehen oder kurz vor dem Ins-Bett-Gehen? Man kann übrigens auch Rituale neu erfinden, indem man in verschiedenen Situationen immer sehr bewusst an etwas Bestimmtes denkt oder eine sehr bewusste Handlung setzt, zum Beispiel wenn ich nicht daheim übernachte, sondern auswärts, wenn ich aus dem Bad gehe, wenn ich an Spiegeln vorbeikomme und vieles mehr.

Sei auch hier sehr kreativ und bitte sei sanft und großmütig mit dir, wenn du das, was du dir vorgenommen hast, einmal vergisst oder es zu Beginn etwas dauert, bis es dir in Fleisch und Blut übergeht! Ich gehe natürlich davon aus, dass du ein Ritual wählst, das dir guttut, das dich aus dem bisherigen Alltag herausnimmt! Für einen gewissen Zeitraum soll nun dieses neue Ritual verinnerlicht und ruhig auch automatisiert werden. Viele Menschen haben unglaubliche Ehrfurcht vor dem Versagen, dem inneren Schweinehund (als sei der kräftiger als du). Aus diesen Gründen beginnen viele Menschen erst gar nicht damit, sich etwas für die Zukunft vorzunehmen, damit sie sich dann nicht dafür verurteilen müssen, falls sie es doch nicht schaffen. Das ist eine sehr krasse Art zu denken, wenn man es genau betrachtet!

Versuche einfach einmal in der Früh bewusst aufzuwachen, nimm dir fünf Minuten Zeit, darüber nachzudenken, wer du heute sein willst, gehe bewusst durch Türöffnungen, konzentriere dich darauf, etwas Bestimmtes zu tun oder zu denken, immer, wenn du auf die Uhr siehst, denk vor der Toilettentüre kurz daran, was du noch loswerden willst, komme bewusst heim oder in die Firma. All das sind Rituale, die ich sehr empfehle, sie dauern oft nur ein paar Sekunden und können dann sogar schon nach ein paar Wiederholungen integriert sein. Der Vorteil? Du wirst täglich bewusster und bewusster durch dieses wunderbare Leben laufen. Du kannst auch wieder Freunde, Bekannte, Partner und Kinder einladen, mitzumachen. Welche Rituale sie schon durchführen oder vielleicht mit dir gemeinsam machen wollen. Du wirst erstaunt sein, wie dein Umfeld reagiert – sehr spannend! Diese Rituale werden deinen gefürchteten Alltag sehr einfach und leicht vertreiben. Das Wort „Alltag" ist bei den meisten Menschen eher negativ belegt. Es beschreibt hier all jene Situationen, die scheinbar immer wiederkehren, immer wieder keine Freude bereiten, irgendwie fad und langweilig sind. Auch jenes, von dem dein Verstand denkt: „Kenn ich schon, weiß ich schon, weiß auch schon, wie es weitergeht und wie es endet."

Wenn ein Ritual für dich nicht mehr passt oder keinerlei Erfolg zeigt, darfst du es ja wieder liebevoll verabschieden und ein neues kreieren. Schaffe dir immer wieder Zonen, in denen du sehr bewusst etwas tust – ganz gleich, was! Erfinde auch Rituale die dir einfach Spaß machen! Sie müssen nicht stets einen tiefgreifenden Hintergrund haben. Bei einer roten Ampel kannst du in die Hände klatschen oder kurz am Stand hüpfen. Du kannst bei der ersten Wiese, an der du vorbeikommst, einen Grashalm abreißen oder der Wiese einen schönen Tag wünschen. Für weniger Mutige anfangs, ohne laut zu sprechen, oder nur ein kleiner Hops, der fast unsichtbar für andere ist. Ein Ritual ist es auch schon, dir diese Dinge nur vorzustellen, du wirst das sofort merken! Du kannst zum Beispiel bei jedem Polizisten, den du siehst, denken: „Danke, dass du auf mich und die Umgebung aufpasst!" (Er will nicht nur dein Geld und deinen Führerschein!) Suche und schaffe dir nach deinem Belieben Bereiche, Gegebenheiten, Dinge, die du als Anker für Rituale setzen könntest. Lass deiner Fantasie freien Lauf und freue dich über deine Kreativität. Überfordere dich nicht gleich am Anfang. Beginne mit zwei oder drei Ritualen, die du gut und leicht einhalten kannst. Und sieh zu, dass mindestens eins davon echt lustig ist bzw. dich oder andere Menschen zum Lächeln bringt. Das ist großartig, glaube mir!

Wenn es irgendwie vorstellbar ist, räume dir auch täglich eine Zeit der Stille für dich ein, wenigstens ein paar Minuten am Anfang, allein in einem Raum, stell keine Musik an, beobachte nur deine Gedanken. Zeit mit dir oder für dich bedeutet immer Wertschätzung für dich und dein Sein. Gönne dir diese Zeit des Seins – ohne etwas zu tun! So oft und so lange es für dich passt. Diese Zeit für dich kann auch ein Abendspaziergang allein sein, vielleicht nur einmal um den Block – sehr entspannend! Diese Art der Ruhezeiten empfehle ich besonders!

WAS IST MIR WIRKLICH
WICHTIG IN MEINEM LEBEN?

Die Frage danach, was in unserem Leben wirklich von Bedeutung ist, ist eine der wichtigsten überhaupt. Vielleicht ist es Erfolg in einer Beziehung, in der Arbeit, in deinen finanziellen Angelegenheiten? Was will ich erreichen und warum? Wie werde ich merken, dass ich es erreicht habe? Bis wann? Wie viel?

Um sich diese Fragen zu beantworten oder überhaupt die richtigen zu stellen, bedarf es in erster Linie *Klarheit*! Klarheit darüber, wo du jetzt gerade stehst und wohin genau du dich orientieren willst. Diese Klarheit kann all deine Energie bündeln und verstärken und vor allem ausrichten – fokussiert! Wie ist meine Situation jetzt? In meiner Beziehung, meiner Wohnung, meinem Arbeitsplatz, meinem Verhalten zu Menschen, zu Ernährung, Erziehung, Freundschaft, Aufrichtigkeit ... und wie hätte ich es gerne? Dein inneres Navigationssystem arbeitet exakt so wie dein Navigerät im Auto. Du sagst, wo du hinwillst. Dies genügt sowohl dir als auch deinem Autonavigerät *nicht*! Dein Navigationssystem im Auto braucht, um dich ans Ziel zu führen, unbedingt auch deinen jetzigen Standort! Den überprüft dieses Navi automatisch, dir muss er erst bewusst sein. Ohne Ausgangspunkt (= momentane Lage, Situation ...) keine Chance auf Zielführung! Ein Beispiel: Wie verhalte ich mich in meiner Beziehung jetzt? Wie möchte ich mich gerne zukünftig verhalten? Bitte bleibe bei dir und lasse jedes Verhalten deines Partners (einer anderen Person) aus dem Spiel – denn dafür bist du nicht zuständig! Du steuerst deine Gedanken, deine Handlungen, deine Reaktionen – nicht die deines Gegenübers!

Ich möchte dich an dieser Stelle ermutigen: Stell dir immer wieder viele Fragen! Natürlich eine nach der anderen. Nimm dir Zeit und Papier und warte, was auftaucht! Schreibe es auf! Ein Beispiel, um die beiden wichtigsten Faktoren von Klarheit darzustellen:

– Was bedeutet für dich persönlich Erfolg? Ganz konkret!
Ein erfolgreiches Leben bedeutet für mich ... 1., 2., 3., ...

Wirklich klar ist etwas dann, wenn ich dich um drei Uhr in der Früh aufwecke und dich frage: „Was bedeutet für dich Erfolg?" – und du antwortest sofort: „Ganz klar! Das ist 1., 2., 3., ...!"

– Dein Verstand braucht klare Vorgaben! Ohne klare Messvorgaben wird dein Geist sich langweilen. Er wird sich selbstständig Probleme erschaffen, um sich zu beschäftigen. Der Verstand ist immer willig, etwas zu tun – ohne klare Angaben von dir kreiert er Umstände, in denen er dann daran arbeiten kann! Ganz einfach. Gibst du deinem Verstand keine Anweisungen darüber, was du dir jetzt gestalten willst bzw. wie du etwas haben willst, auch wie du jetzt sein willst, müllt er dich zu und lässt dich unbewusst reagieren.

Wer klare Werte hat, wird unmanipulierbar. Du gehst in Situationen hinein und erkennst dann sehr rasch, ob der momentane Umstand für dich eher wertvoll oder eher wertlos ist. Das Wort „eher" ist sehr bedeutend bei dieser Fragestellung. Denn dein Verstand bekommt beim gegenwärtigen Ereignis bzw. Umstand weniger Stress und antwortet klarer.

– Was will ich wirklich?
Wie kann ich mein Potenzial dafür voll ausschöpfen?

Wichtig ist es, seine Ziele und Wünsche so oft wie möglich anzupeilen und den Weg dahin so oft und so tief wie möglich zu genießen.

Den letzten Punkt vergessen die meisten Menschen! Dieser ist jedoch bei Weitem wichtiger als die Zielerreichung selbst. Denn in letzter Konsequenz möchtest du dieses Ziel ja deshalb erreichen, weil die Vorstellung, wie das sein wird, wenn du es erreicht hast, sich so gut anfühlt! Dein wahres Ziel hinter all deinen Wünschen ist immer das gute Gefühl, das sich einstellen soll! Je klarer also deine Vorstellung ist, desto besser wird dich auch dein Verstand dabei unterstützen, dein Ziel zu erreichen.

Um die Zielerreichung kontrollieren zu können, brauchst du auch eine Idee davon, wie, wo und wann du deine Ziele erreicht hast? In deiner Beziehung, deinen Finanzen … Dann kannst du messen, ob das, was du getan hast, erfolgreich war, und wenn nicht, es korrigieren. Tu dies so stresslos wie möglich! Zielerreichung ist ein Spiel! Es geht dabei niemals um Leben oder Tod. Sei behutsam und wertschätzend mit dir auf dem Weg. Es darf ab jetzt auch leicht gehen in deinem Leben – bitte nicht vergessen. Dein Körper wird wieder sofort reagieren, wenn Stress auf dem Weg auftaucht. Höre auf deinen Körper! Sobald du glaubst, dass es unbedingt notwendig ist, dieses Ziel zu erreichen, löst du deine Fokussierung unbewusst auf und die Energie zieht in die entgegengesetzte Richtung – auf Nichterfüllung deines Ziels! Vielleicht hast du hiermit einen der wichtigsten Gründe erfahren, wieso du vielleicht bis jetzt vieler deiner Ziele nicht erreicht hast. Sobald du ein Ziel als *notwendig* erachtest, heißt dies unbewusst: „Ohne Zielerreichung werde ich nicht glücklich sein!" Solange du in diesem Modus verweilst, hat dir dein Verstand wieder zu beweisen, dass du recht hast! Bitte hier wirklich aufpassen! Wenn du es mit den Worten schaffst: „Es wäre total geil, dieses Ziel zu erreichen, und deshalb tue ich alles mir Mögliche dafür!", bist du auf dem richtigen Weg und im passenden Gefühl! Viel Freude dabei ... und gönne dir ruhig wieder einmal eine Lesepause. Ich weiß, ich kann anstrengend sein.

Zweifel – auch nur ein Glaube ...

... und erzeugt negative Energie, hält dich vom Tun ab und verhindert dadurch, dass du deine Visionen verwirklichst. Das ist ein ziemlich tückisches Programm. Teilweise ist es sogar so leise, dass wir es kaum hören, und unsere Gewohnheit, ihm Kraft zu schenken, zerschlägt oft die besten Ideen im Keim. Zweifel ist ein Miesmacher. Kaum hast du eine tolle Idee gehabt, einen echten Herzenswunsch ausgesprochen, kommt er daher und erklärt dir scheinbar sehr klar, warum du das nie erreichen, nie erleben, nie schaffen wirst. Kennst du das? Auch die Menschen in deinem Umfeld reagieren häufig so, wenn du ihnen ein neues Ziel in deinem Leben mitteilst. Die Mitmenschen erklären dir dann, dass das, was du möchtest, schon viele vor dir erfolglos versucht haben, dass du *vernünftig* sein, den Tatsachen ins Auge blicken, realistisch bleiben sollst und so weiter. Was passiert da?

Immer, wenn wir so richtig gut drauf sind, sprudeln die tollsten Gedanken durch unseren Kopf. Wir haben in diesem Zustand nämlich Zugriff zu unserem höchsten Potenzial, unseren genialsten Ideen und bekommen die besten Vorstellungen davon, was uns wirklich in die Freude bringen kann. Oft passiert uns das in Gesellschaft von Freunden, wenn wir richtig beim Feiern sind oder scheinbar gerade in diesem Moment alles wunderbar und sorgenfrei ist. Unsere Visionen von einer glücklichen Zukunft entstehen meist in so einem Zeitraum. Ist dieser ausgelassene Zustand am Verschwinden, regt sich der Zweifel, oder deine Freunde erledigen das für dich und wecken deinen Zweifel. Du hattest vorher spürbar große Energie für dein neues Ziel, du hast dich mutig und kraftvoll gefühlt – „Das werde ich jetzt machen!" Durch den Zweifel erzeugen wir jedoch eine neue Energie, die genau in die andere Richtung zieht. Hast du als kleines Mädchen jemals daran gezweifelt, dass du ein tolles Wesen bist, vielleicht einen Prinzen heiraten wirst, oder als Junge, dass du Pilot werden oder deine Mama retten wirst? Deine Zweifel kamen erst mit der Zeit. Viele Menschen um dich herum haben dir bei jeder Gelegenheit eingeredet, dass es das, was du anstrebst, für dich nicht geben wird. Und irgendwann hast du ihnen geglaubt. Natürlich, alle haben es dir ja gesagt! „So läuft das Leben nicht. Das Leben ist hart, und nur die ganz Tollen kommen durch – und das bist du jetzt noch nicht! Du musst erst unglaublich viel leisten und tun, viel lernen und brav sein, richtig fleißig sein, am besten den ganzen Tag und selbst das wird oft nicht reichen."

So haben viele aufgehört, ihren Träumen, Wünschen, Sehnsüchten und Zielen zu folgen. Ab und zu, jedoch ganz selten, gibt es Personen, die ihre Visionen dennoch verfolgen. Schritt für Schritt gehen sie dem Ziel entgegen. Wer konsequent einen Schritt in diese Richtung geht, kommt dem Ziel immer wieder einen Schritt näher – egal, was passiert. Ihr alle kennt solche Erfolgsgeschichten. Wenn dein Zweifler dich jedoch zurückhält, bleibst du stehen und dein Ziel bleibt unerreichbar in weiter Ferne. Glaub mir, ich kenne das! Ich bin von Geburt an Skeptiker, quasi ein Prototyp. Doch solange ich mir meine Ziele immer wieder klargemacht habe, wie toll es wäre, genau das zu erreichen, ließ mich diese konkrete Vorstellung wieder einen Schritt voran machen. Jeder

Schritt nach vorne öffnet eine Tür, und wieder und wieder und wieder.

Als ich mit 44 Jahren entschied, meinen Job zu wechseln, weil er mir keine Freude mehr bereitete (bis dahin habe ich ihn geliebt, mit Freude und Engagement ausgeübt), riet mir in meinem Umfeld absolut jeder, außer vielleicht drei Menschen, ab. Auch die allerbesten Freunde! Sie hatten unglaublich viele Argumente, warum das, was ich vorhatte, ein großer Fehler sein wird, bei meinem Einkommen, meinem Alter, sie sprachen auch von der Sicherheit, die mir bleibt, wenn ich einfach nur weiter funktioniere. Irgendetwas in mir ließ mich jedoch nicht los, mein Vorhaben zu verwirklichen. Es war die Vorstellung, wie es sein würde, wenn ich wieder einen Job habe, der mir richtig Freude bereitet. Immerhin ist es ziemlich viel Lebenszeit, die man mit Arbeit verbringt. Ich erinnerte mich daran, dass ich stets zu mir sagte: „Meine Arbeit muss mir Freude bereiten, sonst höre ich auf und mache etwas anderes – egal was!"

Was andere Menschen dazu bringt, uns von unseren Visionen abzuhalten, ist die Vorstellung, dass es dir vielleicht viel besser geht als ihnen, wenn du dein Ziel erreichst. Dass sie sich dann vielleicht auch aus ihrer Komfortzone erheben müssten, um ähnlich glücklich wie du zu sein. Viele Menschen, die sich so dem Leben gestellt haben, werden mir recht geben. Das ist beim Jobwechsel ähnlich wie beim Partnerwechsel oder bei einem Ortswechsel. Der Zweifel ist, wie erwähnt, nichts anderes als die entgegengesetzte Energie. Er richtet das Ziel von „Erfüllung" neu ein auf „Scheitern"! Aus unserer ursprünglichen Erwartungshaltung des Erreichens wechseln wir in eine Erwartungshaltung des Versagens! Unser neues Ziel heißt also: Scheitern! Versagen! ... Und dieses Ziel erreichen wir dann auch!

Vertrauen (in uns und das Leben), Freude, Kraft und Energie werden blitzartig ausgetauscht gegen Unsicherheit,

Unzufriedenheit und Ohnmacht. Wir haben einen neuen Wunsch kreiert, der sich erfüllen soll. Und das tut er! Es ist wie wenn du dir aus einem Katalog etwas ganz Wunderbares aussuchst und bestellst und zehn Minuten oder einen Tag später stornierst. Wen wundert es da, dass das Päckchen nie ankommt ...?

Um noch besser in die Vorstellung dessen zu kommen, was tatsächlich möglich ist, möchte ich dir noch eine Geschichte erzählen.

Wie denkst du, würdest du reagieren, wenn plötzlich dein 82-jähriger Onkel zu dir sagt: „Ich möchte noch Japanisch lernen!" Würdest du ihn sofort ermutigen und unterstützen? Oder eher abraten mit Sätzen wie: „Bist du jetzt total verrückt? In deinem Alter und überhaupt wozu? Wo willst du das lernen, das wird sehr schwierig, und noch dazu Japanisch? Wie kommst du darauf, und weißt du, wie schwierig diese Sprache ist?" Ich denke, die meisten von uns würden eher mit solchen Sätzen reagieren. Eines möchte ich hier auch noch klarstellen. Das Gehirn deines Onkels ist in jedem Fall dazu in der Lage! Großartig! Was er jetzt noch unbedingt braucht, ist die Aussicht auf ein sehr tolles Gefühl! Denn dieses ist sein *wahres* Ziel. Nach unserem Alltagsdenken meinen wir, dass er es nie schaffen wird, sich diesen Wunsch zu erfüllen. Noch dazu, weil er vielleicht bisher in seinem Leben keine einzige Fremdsprache erlernt hat. Würde sich jedoch dieser Onkel nun in eine bezaubernde 70-jährige Japanerin verlieben und sie würde ihn mit in ihr friedvolles Dorf nach Japan nehmen, behaupte ich, würde er fast mühelos in einem Jahr sehr gut Japanisch sprechen. Vorstellbar? ... Schon passiert!

Der allerbeste Dünger, die wirkungsvollste Gießkanne zum Lernen von Neuem, ist immer ein mächtig gutes Gefühl!

Das Leben ist wie Running Sushi

Für alle, die den Begriff nicht kennen: In einem Running-Sushi-Lokal gibt es eine große Menge verschiedenartigster Gerichte auf einem Förderband. Es stehen viele kleine Tellerchen darauf und das Band läuft ständig an dir vorbei. Du nimmst dir herunter, was immer du willst, und lässt vorbeilaufen, worauf du keinen Gusto hast. Cool, oder?

Das Leben verläuft meiner Meinung nach sehr ähnlich. Ständig gibt es Eindrücke und Gedanken, Menschen, Dinge, Arbeitsmöglichkeiten, Orte, Landschaften, die auftauchen und vorbeiziehen. Es sei denn, du hältst sie fest. Je bewusster du lebst, desto klarer entscheidest du, was von allem, das dir begegnet, du festhalten möchtest, wie viel Zeit du womit verbringen möchtest. Es gibt tatsächlich nichts, was sich von selbst und gegen deinen Willen festkrallt. Nutze die Vielfalt des Angebotes und höre auf dein Herz, wo und mit wem es verweilen möchte. Den Vergleich mit dem Essen wähle ich sehr bewusst. Zuerst ist der Gusto da, dann erst redet der Verstand mit. Würden wir uns in allen Lebensbereichen so verhalten und führen lassen, hätte dies enorme Vorteile, behaupte ich. Erst fragen: „Was würde sich jetzt gut anfühlen?", dann einen Schritt darauf zugehen. Bei zu hohen Widerständen vom Verstand hinterfrage deine Beurteilungen. Sind die Einwände wirklich berechtigt? Willst du diese aufrechterhalten? Ist es wirklich deine Entscheidung oder ein altes Programm? Hat dich dieses Programm mit Freude erfüllt und dir Freiheit gebracht? Brauchst du es heute noch?

Der Ruf des Herzens ist wie ein Autopilot. Er erinnert dich immer daran, wo du eigentlich hin möchtest, und er bietet dir Möglichkeiten an. Ob du sie ergreifst oder nicht, entscheidest du! Pass auf, was du zu dir nimmst! Denn es nährt dich oder stellt sich als Ballast heraus.

Sei die Ausnahme – nicht die Regel

Gehe mit deiner Angst los und folge deinem Herzen! Angst zu haben ist normal und okay! Mach dein Ding! Jede Art von Veränderung, alles, was neu ist, holt deinen Neulandinstinkt ins Programm. Angst in irgendeiner Form ist fast immer präsent. Dein Verstand versucht dich normalerweise immer von Veränderungswünschen abzuhalten. Er mag es nicht besonders, wenn du etwas Neues ausprobieren willst. Mit einem großen Argument: Wir wissen nicht, was dann passiert! Als Gefahrensucher zählt dir dein Verstand alle Nachteile, die mit etwas Neuem entstehen könnten, auf. Diese möglichen Nachteile wiederum erzeugen in dir unangenehme Emotionen, also lassen wir meist ab davon, den nächsten oder sogar nur den ersten Schritt zu gehen. Schon ist es vorbei mit deinem Ziel. Schade! Denn es hat sich ja vor ein paar Sekunden noch so gut angefühlt.

Wie kriegen wir das in den Griff? Stell deinem Verstand eine wichtige Frage! „Ist dein Leben wirklich in Gefahr, wenn du diesen Schritt jetzt gehst?" Wie schon mehrmals erwähnt, ist das Sich-eine-Frage-Stellen immer großartig, um Bewusstheit zu erlangen. Was tatsächlich passiert, weiß niemand. Auch nicht der Verstand. Er hat einfach keine Ahnung, er tut nur so, als wüsste er Bescheid. Wenn dir das klar ist, wenn du dir diese Wahrheit immer öfter im Leben bewusst machst, wird es viel leichter für dich. Mutig bist du immer, wenn du trotz Angst einen Schritt machst und bereit bist, zu sehen, was passiert. *Nach* diesem Schritt betrittst du quasi eine neue Welt und alle Möglichkeiten sind wieder offen. Etwas nicht zu versuchen ist immer eine sichere Niederlage. Es zu tun hat eine Chance darauf, dass es gut geht. Mach dir das wirklich oft klar. Nur weil andere Menschen an anderen Orten, zu einer anderen Zeit einmal mit einem Vorhaben gescheitert sind, hat das nie etwas mit deinem neuen Projekt zu tun. Sobald irgendein Faktor verändert ist, darf und wird etwas Neues entstehen. Was bei deinem Expartner geklappt hat, muss beim jetzigen Partner nicht ebenfalls funktionieren und umgekehrt. Was schon zehnmal nicht geklappt hat, kann beim elften Mal funktionieren. Jeder Wissenschafter wird dir das gerne erklären. Ganz gleichgültig, wie groß dein Vorhaben ist, es gilt, immer nur einen Schritt zu tun, mehr braucht es nicht.

In diesem Zusammenhang gefällt mir folgendes Beispiel sehr gut: Wenn du in der Nacht von Salzburg nach Wien fährst, leuchten dann deine Scheinwerfer gleich bis nach Wien? Würdest du das brauchen? Nein, es genügt, wenn die nächsten paar Meter in Sichtweite sind. So ist es bei jedem Weg. Richtung und Ziel sollen klar sein. Du setzt immer nur einen Fuß vor den anderen. Der nächste Schritt ist der Wichtigste – immer! Du machst dir beim Wandern ja auch keine Gedanken darüber, wie dein 322. Schritt aussehen wird und wohin du ihn setzt, oder?

Das verallgemeinernde Denken des Menschen ist in manchen Bereichen gut und zweckmäßig. Überprüfe jedoch immer öfter, ob es in diesem speziellen Fall gut und notwendig ist. Nur weil wir sagen, dass „die Amerikaner", „die Deutschen" … so oder so sind, heißt das nicht, dass es keine Ausnahmen gibt. Ich möchte dich ermutigen, oft in deinem Leben eine Ausnahme zu sein. Der Normalmensch ist meist nicht glücklich, nicht mutig, nicht selbstbestimmt, nicht vor Freude taumelnd, nicht spielerisch – sei die Ausnahme!

MEIN KOMPLIMENT!

Viele Menschen gehen davon aus, dass das Thema „Komplimente" fast nur Frauen betrifft. Weit gefehlt, denn alles, was Frauen betrifft, hat auch mit Männern zu tun. Schließlich gehören wir ja irgendwie zusammen, oder? Hast du schon öfter ein Kompliment erhalten? Schon öfter eines geschenkt? Wie funktioniert das? Fühle bitte einmal kurz hin, was folgende Komplimente bei dir auslösen:

„Heute siehst du ja besonders schick aus!"

„Du siehst heute viel schlanker aus."

„Schön, dass ich dich auch einmal ungeschminkt sehe!"

„Nett, dass ich dich heute ohne Brille erlebe!"

„Schön, dass du heute so entspannt bist."

„Heute mal mit Anzug! Sehr chic!"

„Ich liebe Männer mit so gepflegten Schuhen!"

„Diese Bluse ist ja nett!"

„Bei dir ist immer alles so ordentlich!"

„Toller Vortrag! Habe ich dir gar nicht zugetraut!"

„Bewundernswert, wie du mit diesen Pumps gehen kannst!"

Sind deine Empfindungen unterschiedlich? Vielleicht ist es wichtig, dass mir gerade diese Beispiele eingefallen sind. Sie haben keinen psychologischen Hintergrund! Es sind einfach Komplimente. Komplimente über eine Eigenschaft von dir, dein äußeres Erscheinungsbild, einen Gemütszustand, vielleicht über eine Fähigkeit. Es gibt unterschiedlichste Bereiche, die wir für Komplimente auswählen können.

Wie geht es dir als Empfänger solcher Botschaften? Dein Verstand wird dir jetzt noch erzählen, dass es stark darauf ankommt, *wer* etwas sagt und besonders auch *wie* es gesagt wird, oder? Viele Menschen vermuten oft hinter einem Kompliment einen gewissen Hinterhalt. Ein Kompliment ist normalerweise immer eine riskante Sache! Es bedarf einer gewissen Portion Mutes oder Übermutes, manche behaupten sogar Frechheit, es zu machen. Wie ist das bei dir? Die Menschen sind alle einzigartig und in gewissem Maße unberechenbar. Wenn dir das klar ist, darf deine Angst schwinden, Komplimente zu machen. Viele Teilnehmer meiner Seminare behaupten, dass sie nicht mutig genug sind, ein Kompliment auszusprechen – sie meinen, dass sie dadurch etwas zerstören können. Etwas zerstören, das noch gar nicht da ist? Die übliche Angst vor der Reaktion des Gegenübers hält uns extrem oft zurück, ein Kompliment zu verschenken. Oder die Angst davor, abgelehnt, für verrückt erklärt, belächelt zu werden. Sehr spannend ist natürlich auch die Tatsache, dass Menschen, die selbst schlecht mit Komplimenten umgehen können, also sie nur schwer dankend in Empfang nehmen können, auch sehr selten Komplimente verteilen. Das rührt aus dem Rückschluss, dass sie sich ja selbst oft peinlich berührt fühlen und deshalb den anderen nicht in die gleiche Verlegenheit bringen möchten, die sie dabei oft selbst erfahren.

Ehe wir weitergehen, interessiert mich noch von dir: „Wie reagierst du auf Komplimente?" Welche Antworten gibst du, wovon machst du die Antwort abhängig? Hast du Standardantworten? Komplimente können ja auch angeblich verletzen, hörte ich unlängst. „Passt dir total gut, dass du endlich ein paar Kilos zugenommen hast!" Doch darüber, dich durch Aussagen von anderen verletzen zu lassen, bist du ja jetzt schon hinaus, denn du weißt, dass du der einzige Mensch bist, der dich verletzen kann.

Ob ein Kompliment Freude bereitet oder nicht, entscheidet also letztlich der Empfänger. Können wir uns darauf schon einigen?

Wozu gibst du persönlich Komplimente, falls du das machst? Zu welchen Anlässen oder Ereignissen? Willst du damit etwas Bestimmtes erreichen? Machst du jemandem ein Kompliment, weil es dir so eine Freude bereitet, deine positive Beurteilung auszudrücken?

Verteile Komplimente ohne bestimmte Absicht! Mach sie, weil es dich glücklich und dankbar macht. Lass es dir auch nicht vermiesen, wenn du seltsame Antworten bekommst. „Echt, findest du?", „Willst du mich gerade vergaukeln?", „Ja, ja, ... passt schon. Was willst du trinken?", „Hast du wieder in der Witzkiste geschlafen?", „Gerade einen Clown gefrühstückt?", „Schon länger keinen Sex mehr gehabt?", „Sagst du das zu allen?", „Hast du deine Brille vergessen?" Viele verschließen sich, weil sie komische Antworten bekommen, die ihnen unangenehm sind.

Jemand, der keine oder kaum Komplimente erhält, ist meist ein Mensch, der keinerlei Freude darüber ausdrückt, den Geber oft als unzurechnungsfähig hinstellt. Um dieses Verhalten für dich fühlbarer zu machen: Stell dir vor, du bist jemand, der immer sehr ordentlich, geschminkt, gut frisiert ist. Nun gehst du am Sonntag schnell zum Bäcker Semmeln holen und hoffst, dass dich niemand sieht. Du bist im Jogginganzug und unfrisiert. Okay, wenn sich jetzt der Gedanke in dir breitmacht: „Das würde ich sowieso niemals tun!", dann stell dir dennoch für dieses Beispiel vor, du würdest es tun. Und dann kommt jemand und sagt zu dir: „Toll! Ich liebe dieses verrückte Haar und die sportliche Hose!" Was wären deine Gedanken? Wie würde deine Antwort lauten? Viele sagen dann: „Oh Gott, entschuldigen Sie, wie ich aussehe, aber ich wollte nur schnell Semmeln für meine Kinder holen. Normalerweise gehe ich so nie außer Haus!" Was heißt das? Du erklärst damit dem Komplimentgeber, dass er nicht ganz dicht ist, weil ihm das gefällt! Oder du unterstellst ihm vielleicht, dass er es nicht ernst meint. Woher willst du das wissen? Es sollte für dich komplett uninteressant sein, warum und auf welche Art dir jemand ein Kompliment schenkt. Das macht frei, glaub mir!

Die beste Art, ein Kompliment entgegenzunehmen, ist immer noch ein herzliches: „Danke!" Egal, von wem es kommt, egal, wie es für dich klingt, egal, wie du denkst, dass es gemeint war, und auch wenn du denkst: „Der hat ja einen an der Klatsche." Warum? Sollte es nicht ernst gemeint gewesen sein oder etwas betreffen, von dem du meinst, dass dies niemals ehrlich war, dann hast du mit einem „Danke" auch hier gepunktet. Wenn nämlich nun der Komplimentspender davon ausgeht: „Die hat das echt geglaubt!", ging seine Herausforderung ins Leere.

Stell dich wieder öfter in die Position des Beobachters, nimm Komplimente so an, als würdest du sie in einem Buch lesen. Von jemand Unbekanntem an jemand Unbekannten bedeuten die gesprochenen Worte etwas Nettes, Angenehmes, Aufbauendes. Dann sag einfach: „Danke!" Dadurch wirst du immer wieder Komplimente erhalten. Die meisten Menschen freuen sich über so eine Anerkennung dessen, was sie ausgedrückt haben. Je bewusster du wertschätzend auf Komplimente reagierst, desto mehr wirst du erhalten! Das ermutigt weiterzumachen! Und wenn es gar nicht mehr geht, hilft ein: „Danke für die vielen Komplimente, ich denke das ist genug für heute!"

Und nicht vergessen: Mach dir selbst oft Komplimente! Sei dabei großzügig und überschwänglich. Für alle möglichen Dinge! Halte deinen Verstand dabei unter Kontrolle – du schenkst dir die Komplimente, ganz gleich, was er dazu sagt! „Schick sehe ich heute aus!", „Das habe ich echt gut hinbekommen!", „Toll, meine neuen Schuhe!", „Erstaunlich, wie ich heute geantwortet habe!", „Ich war heute wieder sehr bewusst!", „Schön, dass ich so wertschätzend mit anderen Menschen umgehe!" ... Mach dies mehrmals täglich. Dein Selbstwert wird es dir danken!

ETWAS FÜR JEMAND
ANDEREN TUN

Hast du schon einmal etwas für einen anderen gemacht? Oder zählst du gar zu jenen, die denken, dass sie ohnehin dauernd nur für andere etwas tun? Horch einmal in dich hinein, was dein Verstand dazu meint. Wie oft machst du täglich etwas *für* jemand anderen? Für deine Kinder, deinen Partner, einen Arbeitskollegen, Freunde, Bekannte? Wie fühlt es sich an, wenn du glaubst, dass du die Hemden deines Partners für ihn bügelst? Kannst du dir schon vorstellen, dass du das in Wirklichkeit für dich machst? Wie würde es sich anfühlen, wenn du dich dem Gedanken öffnest, dass du alles, was du tust, immer für dich machst? Ja, ich weiß, dein Verstand will da noch nicht mit, aber fühle nur kurz den Unterschied zwischen diesen beiden Beurteilungen. Was fühlt sich angenehmer an?

Was ist deine echte Motivation, etwas für jemand anderen zu tun? Was möchtest du damit erreichen? Was willst du dafür haben? Anerkennung? Lob? Eine bessere Ausgangsposition für dein nächstes Leben? Oder machst du diese Dinge, weil es dir ein so gutes Gefühl erzeugt, dass du selbst ein wertvoller Beitrag für andere bist? Also doch für dich! Wozu willst du, dass dein Partner immer frische Hemden hat? Damit er dich lobt, dich mehr liebt, länger mit dir gemeinsam durchs Leben gehen will? Oder dass sein Chef sagt: „Toll! Sie haben immer perfekt gebügelte

Hemden an! Sie haben eine wunderbare Frau!" Macht es dir ein gutes Gefühl, wenn du deinem Schatz im frisch gebügelten Hemd einen Abschiedskuss gibst, ehe er zur Arbeit fährt? Traust du es ihm nicht zu, dass er selbst seine Hemden in Ordnung bringt? Entschuldigt, Jungs, das ist keine Hetze auf euch, auch kein Plädoyer dafür, dass jeder sein eigenes Gewand bügeln soll. Ich möchte nur Bewusstheit dafür schaffen, dass wir in Wahrheit alles, was wir tun, für uns selbst machen. Immer holen wir uns ein kleines Päckchen ab, immer haben wir ein Ziel, das uns dient, bei dem wir eine bestimmte Vorstellung davon haben, dass durch unsere Handlung etwas folgt, was uns ein gutes Gefühl macht. Wie clever wäre es, wenn wir uns dieses Gefühl immer schon *während* des Tuns produzieren würden? Die wahrscheinlich selbstloseste Handlung eines Menschen ist das Stillen von Kindern. Hier gibt es noch keine Erwartungen an das Baby. Die Mutter geht noch nicht davon aus, dass das Kleinkind „Danke" sagen wird, auch nicht davon, dass es dann lieber zur Mami ist. Dennoch ist selbst das Stillen im Interesse der Mutter. Die Mutter will ihr Kind ernähren, sie will, dass es aufhört zu schreien, will der Welt zeigen, dass sie eine liebevolle und gute Mutter ist. Sie will das! Ich nehme immer gerne *harte* Beispiele, um einen Sachverhalt zu erläutern, denn die einfachen schiebt der Verstand nur allzu leicht weg. Beim Bügeln zum Beispiel willigt der Verstand vielleicht eher rasch ein. Aber beim Stillen? Natürlich muss keine Mama der Welt ihr Baby stillen. Sie kann es an Menschen abgeben, die sich gerne darum kümmern, oder das Kind zum Füttern irgendwohin bringen.

Was ich damit klarstellen will, ist, dass wir immer und überall die Wahlfreiheit haben. Wir sind uns dessen nur kaum bewusst! Niemand muss seine Eltern besuchen, niemand muss sich die Geschichten über die schlimmen und unmöglichen Menschen anhören, niemand muss in Beziehungen bleiben, die ihm schon lange nicht mehr guttun, niemand muss Jobs annehmen, die er nicht leiden kann. Wenn du dies tust, mach dir klar, dass du es immer für dich tust! Sei es, um Unangenehmeres zu vermeiden oder um etwas zu erreichen, das du willst. Übernimm die Verantwortung dafür und mach dir möglichst oft klar, dass du alles für dich tust. Ja, es ist toll, wenn ein anderer Mensch zusätzlich auch noch etwas von deinen Handlungen hat! Das ist aus meiner Sicht sogar sehr wünschenswert. Aber du tust alles nur für dich – in erster Linie!

Ich wünsche dir, dass du dich diesem Gedanken öffnest und selbst überprüfst, ob er wahr sein könnte. Denn aus dieser Klarheit heraus Dinge zu tun fühlt sich einfach nur genial an. Selbstbestimmt, in der Selbstliebe bleibend und dadurch als ein echt guter Beitrag für andere. Überprüfe deine Handlungen, bei denen du das kleine Päckchen für dich nicht erkennst, und lass diese zukünftig aus. Dein Körper und dein Herz raten dir das jedes Mal, wenn du so eine unbewusste Handlung setzt, dass du sie so jetzt nicht weiterführen sollst – diese Handlung bereitet dir dann ein echt unangenehmes Gefühl, die Brust wird eng, Ärger und Wut steigen an. Kennst du das? Das heißt nicht unbedingt, dass du diese Dinge alle gar nicht mehr machen sollst! Du hast die freie Wahl! Nur *wenn* du etwas für andere tust, mach dir klar: Du machst es für dich! Wenn du das nicht glaubst, lass es! Wenn du keinen Gedanken findest, der beschreibt, dass es in deinem Interesse ist, dann lass es einfach bleiben. Wenn du ehrlich zu dir bist, wirst du das Päckchen immer finden! Den Grund, warum du es letztendlich willst. Deshalb muss etwas nicht zu deiner Lieblingsbeschäftigung werden, aber du sollst den Sinn, den etwas für dich dennoch ergibt, erkennen.

Dein Körper hört immer auf deine innersten Gedanken – wenn du etwas missmutig tust, ändere deine Einstellung dazu oder lass es. Das ist die Aufforderung deines Herzens! Und es ist nicht schwierig, wie der Verstand wieder meldet. Es umzusetzen ist mutig – ja! Du wirst es dir selbst danken, und in der Folge werden es dir alle anderen auch danken, weil du als Beispiel leuchten wirst! Normal? Nein! Ungewöhnlich? Ja! Glücklich, ehrlich und wahrhaftig? Ja!

SCHENKEN IST VOLL
GEFÄHRLICH ...

... wenn man es aus den falschen Motiven macht!

Immer wieder bekomme ich mit, wie sehr das Schenken sowohl den Geber als auch den Empfänger stressen kann. Das Hauptproblem dabei? Nett sein, höflich sein, Unklarheit, Unsicherheit ... wiederum ein altes Programm, welches hier ans Tageslicht gezogen wird. „Wenn *man* jemanden besucht, dann bringt *man* etwas mit!" Kennst du das? Du bist zum Abendessen bei Freunden eingeladen, ein Mitbringsel muss her! Bitte bleib beim Lesen mit deiner Aufmerksamkeit wieder an der Vorderseite deines Körpers, um zu spüren, wo es tackert, und beobachte deinen Verstand! Wo fühlst du dich angesprochen und stimmst zu oder wo fahren Widerstände in dir hoch?

Manche schenken anderen so gerne etwas, weil ihnen das Aussuchen des Geschenks große Freude bereitet. Andere kramen zu Hause herum, was da ist und was sie mitnehmen könnten, andere nehmen immer eine Flasche Alkohol mit oder Blumen. Das Leben ist bunt! Einige bringen stets etwas Selbstgemachtes mit. Sehr viele, jedenfalls ist das messbar und beobachtbar die größte Gruppe, schenken das, womit sie selbst eine große Freude hätten, würden sie genau das bekommen. Dann gibt es noch die Schnäppchen-Bringer. Irgendwo gibt es etwas, das nach einem wertvollen Teil aussieht, aber tatsächlich im Superangebot war! Es war keine wirklich große Investition, sieht jedoch danach aus, als hätte ich tief in die Tasche gegriffen. Kennst du auch die Wanderweine? Das sind Weinflaschen, die man selbst geschenkt bekommen hat, aber nicht trinken will. Die nimmt man dann auch gerne als Gastgeschenk wieder mit und schenkt sie weiter ... bis sie wieder bei einem selbst landen (oft nach mehreren Monaten). Ich hatte einmal das Glück, eine gute Flasche in einem dieser extra für Flaschen geeigneten Papier-Geschenksackerln überreicht zu bekommen. Ich habe die Flasche kurz herausgenommen, mich bedankt und wieder hineingestellt. Als die Gäste weg waren, nahm ich die Flasche erneut heraus und ein kleines Kuvert flog aus dem Sackerl. Ich öffnete den Umschlag und fand hundert Euro darin! Dann las ich das Billet: „Liebe Gabi, alles Liebe zum Geburtstag ..." Das war richtig spannend! Natürlich musste ich lachen und wusste, dies war ein Wanderwein! Ich entschied mich, den Überbringer des Weins anzurufen. Ich bedankte mich für den Wein und die hundert Euro! Lange Stille am anderen Ende der Telefonleitung. Ich war jetzt wirklich gespannt, was als Reaktion kommen würde. Die Ratlosigkeit war sogar durch das Handy richtig spürbar. Also entschied ich, alles aufzulösen, die Entspannung am anderen Ende dauerte dennoch eine Weile. Jedenfalls gingen wir ein paar Tage später gemeinsam abendessen mit dem Geld – das war ihre Entscheidung! Wir hatten sehr viel Spaß an diesem Abend. Interessant, oder?

Wie geht es dir mit dem Schenken und Beschenktwerden? Kriegst du auch ab und zu Gegenstände, bei denen du bei der Übernahme schon daran denkst, wo du das jetzt wieder hinräumen könntest, weil es so gar nicht dein Geschmack ist? Womit du anschließend in den Keller zu der Schachtel gehst, auf der „Tombola" steht, für die nächste Wohltätigkeits-Geschenkaktion? Eine Schachtel, die voll ist mit selbst bemalten Blumentöpfen, die nicht in deine Designerwohnung passen, weil du nicht einmal ein Fensterbrett hast? Obstschalen, obwohl du vor langer Zeit entschieden hast, kein Obst mehr zu essen, weil es deinen Magen übersäuert? Rosen, die du gleich weitergibst, weil du allergisch dagegen bist?

Oder vielleicht gehörst du zu denjenigen, die vor Weihnachten zu den Freunden sagen: „Aber wir schenken uns heuer nur etwas *Kleines*!" Sich zum gleichen Zeitpunkt etwas zu schenken ist ja noch viel gefährlicher! Du schenkst etwas um 20 Euro und erhältst etwas um 150 Euro Wie geht es dir? Oder umgekehrt – wie geht es dir dann? Menschen sind dabei sehr von inneren Messlatten bestimmt. Das Nehmen ist für manche oft sogar noch schwieriger als das Geben. „Das wäre doch nicht notwendig gewesen!", „Das war doch viel zu teuer!", „Wenn ich das gewusst hätte, dann hätte ich auch …!", „Das ist mir jetzt aber richtig unangenehm!" Vielleicht bekommst du von einem Besuch ein richtig teures Geschenk. Das kann dir dann schon ziemliches Unbehagen bereiten, wenn du daran denkst, dass du beim Gegenbesuch nicht mit einem kleinen Buch zu kommen brauchst!

Auch hier gilt: Mach dein Ding! Bleib bei deinen Wertvorstellungen und mach sie nicht von erhaltenen Dingen abhängig! Wie will ich als Schenker sein? Wie will ich als Beschenkter sein? Es werden Antworten auftauchen. Zeige dich, wie du bist – dann haben andere Leute eine Chance, dich kennenzulernen!

Natürlich wollen wir den anderen mit unserer Reaktion auf ein Geschenk nicht verletzen, ihn bzw. das Geschenk nicht zurückweisen. Wenn du jedoch wahrhaftig leben willst, wirst du auch daran nicht vorbeikommen. Es ist durchaus möglich, in aller Wertschätzung zu bleiben und dennoch die Wahrheit zu sagen. „Ich danke dir für die Mühe und den Wein! Ich werde ihn jedoch nicht trinken, da ich keinen süßen Wein mag. Schenke ihn bitte jemandem, der sich darüber freut, oder ich mache ihn gerne für dich jetzt auf!" Solche Ansagen verhindern, dass du beim nächsten Mal wieder so einen Wein bekommst! Wenn du entgegen deinen Gefühlen große Freude darüber zeigst, wird sich dein Schenker denken: „Volltreffer! Den nehme ich nächstes Mal wieder mit!" Wenn du jemandem etwas schenken willst, sieh zu, dass du Hinweise sammelst, was er wirklich mag! Sieh dich in seiner Wohnung um, schau, dass du seinen Geschmack erkennst, und dann nimm etwas mit. Etwas, was passt und Freude bereitet. Nur weil ich gerne lese, brauche ich nicht jedem ein Buch zu schenken. Auch wenn ich glaube, dass es ihm guttut! (*„Doch!"* – schrieb meine Lektorin als Kommentar an dieser Stelle. „Zumindest dieses, das du eben in den Händen hältst!" – Danke für diese Anmerkung!) Und noch ein Tipp: „Frag, womit du eine Freude machen kannst!" – du wirst Antworten bekommen und entscheiden, ob das gewünschte Objekt auch für dich passt (es könnte ja auch ein Wunsch geäußert werden, den du vielleicht nicht unterstützen willst)! Wenn ja, tu es! Wenn nein, lass es! Dann liegst du richtig!

Das Geheimnis
der Konzepte

Konzepte sind eine sehr spannende Sache! Unser Verstand ist daran gewöhnt, sehr viel in Konzepten zu denken. Was ich damit genau meine, beinhaltet alles, was keine Gegenstände sind. Ein Tisch ist ein Tisch. Ein Sessel ein Sessel. Was sind jedoch Freundschaft, Brüderlichkeit, Treue, Wertschätzung ... Das sind für mich Konzepte. Es geht also um gewisse Vorstellungen von etwas, wie es zu sein hat, damit es eben zu diesem Konzept passt. Ich möchte dich ermutigen, einmal darauf aufzupassen, wie oft du in Konzepten denkst. Wie viele solcher Konzepttitel benutzt du während eines Tages? Welche am öftesten? Und dann die wichtige Frage dazu: „Wie definierst du dein Konzept von ...?"

Betrachten wir zum Beispiel das Konzept der Freundschaft. Was sind die genauen Kriterien einer Freundschaft für dich? Welche Anforderungen müssen erfüllt sein, damit du von Freundschaft sprichst? Ich behaupte, dass bei genauerer Prüfung die meisten Menschen komplett unterschiedliche Kriterien für ihre Konzepte haben. Dies wird beim Sprechen jedoch kaum berücksichtigt. Wir gehen generell davon aus, dass unsere Vorstellung eines Konzepts automatisch auch die unseres Gegenübers ist. Oft reden wir mit anderen lange ganz selbstverständlich über Inhalte eines Konzepts, und der Partner redet ständig mit, obwohl das innere Skript des Konzepts völlig unterschiedlich ist. Was ist für dich Freundschaft? Was darf einer tun, um von dir als Freund bezeichnet zu werden? Was darf er nicht tun? Wo gibt es Grauzonen? Gibt es Freunde, die etwas mehr oder weniger machen dürfen und dennoch Freunde bleiben? Was ist ein Kündigungsgrund für eine Freundschaft bei dir?

Ich finde Klarheit in Konzepten sehr wichtig! Bei meinen Workshops frage ich oft: „Findet hier in diesem Raum jetzt Brüderlichkeit statt? Und wenn ja, wo ist sie?"

Lebst du Treue? Und was ist das für dich ganz persönlich? Da gibt es die unterschiedlichsten Definitionen. Zehn Personen, zehn verschiedene Vorstellungen! In Beziehungen gibt es zum Beispiel die Vorstellung, dass Treue bedeutet, keinen Sex mit einer anderen Person zu haben. Andere sagen, dass bereits Küssen Untreue ist. Weitere meinen, dass nur an Sex mit anderen zu denken schon Untreue bedeutet. Wie ist das bei dir? Und auch hier eine sehr wichtige Frage: „Wie treu bist du dir selbst?" Ist es dir wichtiger, dir selbst treu zu sein oder deinem Partner? Kannst du beides vereinbaren? Was entscheidest du, wenn nicht? Findet Wertschätzung nur statt, wenn mindestens zwei Personen wertschätzend sind? Oder müssen es alle im Raum sein?

Stell dir viele Fragen, um dich selbst sehr gut kennenzulernen! Das zahlt sich aus. Dann kannst du dein Leben leben, wie immer du willst, und alle werden erkennen, wer du bist! Viel Spaß beim Umsetzen!

Was Menschen auf dem Sterbebett am meisten bereuen

Ich wünschte,
... ich hätte mehr Mut gehabt, mein eigenes Leben zu leben.
... ich hätte weniger gearbeitet.
... ich hätte den Mut gehabt meine Gefühle öfter auszudrücken.
... ich hätte mehr Zeit mit meinen Freunden verbracht.
... ich hätte mir erlaubt, glücklicher zu sein.

Ich will das einfach nur so stehen lassen und dich daran erinnern, dass du all dies *jetzt* tun kannst!

WAS SOLL AUF DEINEM
GRABSTEIN STEHEN?

Wenn du weißt, was auf deinem Grabstein stehen soll, dann weißt du, was du jetzt zu leben hast! Ich lasse diese Übung oft in meinen Workshops machen oder gebe sie mit auf den Weg. Sie gehört meines Erachtens zu den richtungsweisendsten Übungen überhaupt!

Stell dir vor, du bist im Sarg aufgebahrt, und nun kommt ein Redner ans Pult, der zu den Hinterbliebenen spricht, über dich, dein Leben, wer und wie du warst, was du getan hast ... Was würdest du dir wünschen, dass über dich erzählt wird? Welche Geschichten über dich würden dir Freude bereiten, wenn du bei deiner eigenen Grabrede zuhörst? Was würde dir das Gefühl geben, dass du es gut gemacht hast? Schreibe deine eigene Grabrede, eine, auf die du echt stolz wärst. Egal, wie absurd vielleicht momentan noch einige Dinge klingen mögen, weil du sie bis heute nicht erfüllt oder erledigt hast. Du hast jetzt noch Zeit, sie zu leben, zu erleben und zu erfüllen! Und am Ende schreibe noch einen Satz auf, der auf deinem Grabstein stehen soll, damit jeder weiß, der an deinem Grab vorbeigeht, wer hier in Frieden ruht.

Höre ich da schon wieder einen Einspruch von deinem Verstand? „Was soll das jetzt wieder? So ein Blödsinn! Ist mir doch egal, was an meinem Grab geredet wird, da bin ich ja eh nicht mehr dabei!" Wie gesagt, dein Kopf hat von der Zukunft keine Ahnung und – *du* bist der Chef! Lass ihn ruhig seine Widerstände aufzählen, nimm einen Zettel und beginne zu schreiben. Schreibe die Geschichte deines Lebens! Schreibe die Dinge auf, von denen du gerne hättest, dass deine Nachwelt sie erfährt. Du kennst diese Geschichten am besten, und du kannst wählen, welche du dabeihaben willst. Du hast die freie Wahl! Schreibe auch Geschichten auf, die bisher noch nicht stattgefunden haben, oder Eigenschaften von dir, die du bisher noch nicht so richtig gelebt hast, auch Fähigkeiten, die du vielleicht heute noch nicht hast, die aber toll wären, wenn man über sie an deinem Grab erzählt. Dann weißt du, was du *jetzt* zu leben und zu tun hast, wie du dich zu verhalten hast, damit dies dann der Wahrheit entspricht. Beobachte wieder dein Körpergefühl dabei und wie dein Herz darauf reagiert, wenn du diese Geschichten nur schreibst. Dann bist du richtig geführt! Je länger du schreibst, desto mehr wird dich dein Herz dabei unterstützen. Desto toller werden die Ideen, lustiger die Geschichten, freudiger die Ereignisse.

Ich weiß ja nicht genau, wie deine Erfahrungen mit Grabreden sind. Wie sie dich begeistert und ermutigt haben. Mich machen sie meist sehr betroffen, denn sie lauten meist so:

„Er war immer brav und ordentlich, hat in der Schule sein Bestes gegeben, war ein guter Kamerad, hat niemals Stress gemacht, war immer hilfreich und gut. Dann hat er schwer gelitten und opferte sich stets auf. Die letzten Jahre war er sehr zurückgezogen und einsam." ... Natürlich gibt es sehr selten und vereinzelt auch schon andere Grabreden, nicht nur bei abrupt aus dem Leben gerissenen, oft auch jungen Menschen. Da beschreibt man dann meist, was sie noch alles Tolles vor sich gehabt hätten, jetzt, wo sie dann endlich den schöneren Teil des Lebens genießen hätten können. Da werden nicht die Gicht, die Rückenschmerzen, die Gehschwierigkeiten, die hohe Inflationsrate, die Sorgen um die Pension und Lebensqualität, die Furcht vor Partnerverlust etc. beschrieben. Warum eigentlich nicht? Das hat sich ein junger Mensch alles erspart? Auch eine harte Wahrheit, ich weiß. Falls dich gerade so ein Schicksal ereilt hat, habe ich hohen Respekt davor, aber ich bin hier, um darzustellen, was ist. Du wählst, was deine Wahrheit ist, du wählst, wie du dein Leben lebst, du entscheidest, wie du darüber denken möchtest. Tu es bewusst und höre dabei auf dein Herz und deinen Körper, wie er reagiert mit angenehmen oder unangenehmen Emotionen. Die Wahrheit fühlt sich immer weit, leicht, stressfrei, ohne Druck in der Brust an.

Damit du dir beim Verfassen deiner Inschrift ein wenig leichter tust, findest du hier ein paar zum Vergleich:

- Er war immer brav und angepasst.
- Er hat sich für alle Mitmenschen aufgeopfert.
- Er hat immer den anderen das größere Stück gegeben.
- Er hat sein Leben bewusst genossen.
- Er war sich immer selbst treu.
- Er hat volle Kanne das Leben gelebt.
- Er feierte das Leben – egal, was passierte.
- Er traute sich auch, Nein zu sagen.
- Er war 50 Jahre in der gleichen Firma.
- Er hatte immer noch ein Ziel.
- Er tanzte mit 60 noch auf der Bar.

Versuch einfach, hinzufühlen, und dann gestalte deinen Grabstein und deine Grabrede. Und lebe, was es dazu benötigt, solange du noch kannst! Viel Freude bei dieser wichtigen Übung.

Als wir auf diese Erde kamen ...

Ich möchte jetzt ein wenig beschreiben, wie unser irdisches Leben begann.

Du kamst auf die Welt und wurdest von Beginn an „bedingungslos" geliebt. Du konntest schreien und jammern, dich übergeben und in die Windeln pfeffern. Immer war jemand da, der dich in den Arm nahm, dich liebevoll ansah, dich drückte und herzte. Du wurdest herumgetragen, dir wurden Lieder vorgesungen, du wurdest gestreichelt und eingecremt, gewaschen und frisiert. In die Luft gehoben und weitergegeben, fast jeder, der dich sah, wollte dich halten und lächelte dich an. Du wurdest geknuddelt und geküsst – was für ein Leben! Sobald du in der Lage warst, deinen Körper allein voranzubewegen, warst du höchst interessiert an allem! Du wolltest alles angreifen, abtasten, sogar in den Mund nehmen, einfach „begreifen". Du hattest hohes Interesse daran, zu erkennen, wie das Leben hier funktioniert, was man mit all den wunderbaren Dingen hier tun kann. Du bist aufgewacht in deinem Bettchen und wolltest sofort hinaus, die Welt weiter entdecken, etwas erleben. Jede Schublade war interessant und aufregend, du wolltest wissen, wie all dies verwendet werden kann und wie es funktioniert. Jeder Mensch war dir willkommen und spannend. Du spieltest mit jedem Erdling, der dir in die Quere kam, du wolltest alle Tiere umarmen und angreifen ... und dann passierte etwas sehr Seltsames ... ein vollkommen neuer Lebensabschnitt begann!

Kindheit – die schlimmste Zeit des Lebens!

Falls dein Verstand dir gerade mitteilt: „Ich hatte eine tolle Kindheit! Ich hatte liebende Eltern und immer das Gefühl, dass ich total geliebt wurde. Ich hatte so viel Spaß mit meinem Papa, und meine Mama war immer für mich da!" ... so ist das ein Denkfehler! Gleichgültig, wie toll deine Erinnerungen auch sein mögen. An wie viele Tage erinnerst du dich noch aus deiner frühen Kindheit? So zwischen zwei und fünf Jahren zum Beispiel. Die meisten, denke ich, haben sehr wenige Erinnerungen an diese Zeit. Und zwar nicht, weil wir Alzheimer haben, sondern weil diese Zeit so wehtat und wir sie sehr verdrängten. Auf einmal bemerkten wir Tag für Tag, dass wir nicht mehr so bedingungslos geliebt wurden, einfach so, für unser Sein, so wie wir sind. Wir kapierten also sehr rasch, dass wir nun für das Geliebtwerden etwas tun müssen! Wir mussten teilweise sehr grausam erfahren, dass wir auf einmal Bedingungen erfüllen müssen, damit wir Liebe und Zuneigung erhalten. Tag für Tag bekamen wir gesagt, wie wir sein sollen, was wir tun müssen, mit der harten Kernaussage: „So wie du bist, bist du nicht in Ordnung!"

Dieser Schmerz und dieser Satz sitzen bis heute zutiefst in unseren Knochen. „So wie ich bin, bin ich nicht in Ordnung!"

Immer sollten wir irgendwie anders sein, als wir gerade waren. „Sei ordentlicher!", „Sei ruhiger!", „Sei brav!", „Häng nicht rum!", „Hast du nichts zu tun?", „Das Leben hier ist hart – streng dich an!", „Werde erst mal älter, dann wirst du schon sehen!", „Zuerst die Arbeit, dann das Spiel!", „Sei nicht so wild!", „Mach dich nicht schmutzig!", „Schrei nicht so rum!", „Jetzt beginnt der Ernst des Lebens" (einer der härtesten Sätze!), „Schluss mit lustig!", „Freu dich nicht zu früh!", „Sei nicht so ausgelassen!", „Sitz ordentlich!".

Diese Liste ist fast endlos, du kannst sie gerne ergänzen. An welche Sätze erinnerst du dich noch aus deiner Kindheit? Nimm dir kurz Zeit dafür – es lohnt sich! Falls du gerade Papier und Stift nicht zur Hand hast, möchte ich dich ermutigen, bei nächster Gelegenheit diese Übung zu machen. Schreibe die Sätze auf, an die du dich erinnern kannst, die du immer wieder von deinen Eltern, Großeltern, Tanten oder wer immer in der Zeit in deiner Nähe war, gehört hast. Die Liste darf richtig lang werden, dann mache eine kleine Pause und überlege dir beim langsamen Durchlesen, welche Sätze immer noch in dir wirken. Mach dir bewusst, dass diese extrem lange Zeit, bei den meisten zwischen 16 und 20 Jahren, sehr tiefe Spuren in dir hinterlassen hat. Als Kind kapierten wir relativ schnell, dass das Leben ab jetzt kein Honiglecken mehr war. Wir mussten funktionieren, uns unterordnen, gehorchen, unsere Bedürfnisse zurückstecken, denn Widerstand hatte meist harte Folgen. Zu sehr waren wir damals in einem völlig abhängigen System. In diesem Abschnitt des Lebens waren wir zu 100 Prozent abhängig davon, ernährt zu werden, dass wir Kleidung bekamen, um nicht zu erfrieren, ein Dach über dem Kopf zu haben. Aber viel wichtiger noch, wir wollten nach wie vor geliebt und gemocht werden. Und wir erfuhren, dass wir eben nur unter diesen Umständen, die Liebe und Zuneigung unserer Eltern bekamen. Ansonsten sahen sie ernst aus, grantig oder wurden sogar wütend und laut. Wir bemerkten, dass wir ein

„besseres" Leben hatten, wenn wir funktionierten und gehorchten. Meist gab es auch viele verschiedene Varianten von Bestrafungen, bei Nichtbefolgung der neuen Forderungen an uns. „Wenn du dein Kinderzimmer nicht aufräumst, darfst du nicht auf den Spielplatz!", „Bevor du die Prüfung nicht geschafft hast, gehst du nicht zu deinen Freunden", Wenn du dich bei Mama nicht für dein Benehmen entschuldigst, gehst du abends nicht außer Haus". Dies sind nur ein paar harmlose Beispiele. Du erinnerst dich auch hier an die Sätze deiner Eltern. Wenn wir dann brav alles erledigt hatten, gab es teilweise auch Belohnungen. Wir durften länger fortgehen oder aufbleiben, bekamen ein Lächeln oder einen Kuss, manchmal ein Lob. Danach hungerten wir so sehr – viele Menschen tun dies bis heute! Uns wurde also eine Welt vorgelebt und erklärt, in der man Liebe nicht umsonst bekommt, sondern ausschließlich für Leistung! Auch für Leistungen, die wir sehr widerwillig erledigten, weil sie uns absolut keine Freude machten.

An dieser Stelle ist es mir wichtig, zu erwähnen, dass dies keine Elternschelte ist, denn deine Eltern haben aus meiner Sicht immer das Beste gegeben, was ihnen möglich war. Auch wenn dein Verstand das vielleicht momentan noch nicht glaubt. Sie haben dir weitergegeben, was sie schon von ihren Eltern mitbekommen haben und diese von deren Eltern.

Gegen das Aufschreiben habe ich mich in meinem Leben auch sehr lange gewehrt. Ich dachte immer, das weiß ich doch, das brauche ich mir nicht aufzuschreiben – wozu? Bis ich es tat, dann wusste ich, warum. Schreiben ist deshalb so heilsam, weil der Verstand sehr trickreich ist. Wenn etwas jedoch geschrieben vor dir steht und du diesen Zettel immer wieder ansehen kannst, hast du die Möglichkeit, jederzeit zu überprüfen, ob das noch stimmt. Noch besser wäre ein kleines, schickes Büchlein – du wirst es noch öfter brauchen und hast morgen sicherlich Gelegenheit, dir eines zu besorgen. Du kannst die Listen ergänzen oder Sätze wieder herausstreichen. So kommst du dir und deinem Verstand am besten auf die Schliche. Außerdem ist Schreiben ein Akt des Manifestierens. Was auf Papier steht, ist Materie. Du hast deine Gedanken zu Papier gebracht, nun existieren sie sichtbar.

In vielen Workshops machte ich die Erfahrung, dass Teilnehmer oft drei Minuten nach meiner Aufgabenstellung schon nicht mehr die genaue Frage wiederholen konnten. Es kamen jede Menge Abwandlungen hervor, doch der genaue Wortlaut war verloren. Oft sogar der Sinn. Machen wir die Probe: Weißt du noch, was genau du aufschreiben sollst? Nein? Deshalb: aufschreiben! Du tust das nur für *dich*!

Also: Was waren die meistgehörten Sätze deiner Eltern an dich?

Aus diesen Sätzen, die man in der Kindheit dauernd hört, resultieren aus Sicht des Kindes zwei Grundwahrheiten: „So, wie ich bin, bin ich nicht in Ordnung!", denn ich sollte ja meist anders sein, und: „Liebe und Zuneigung bekommst du nur für Leistung!"

Trotz vieler Bücher und neuer Erkenntnisse über Erziehung wird in keinem Kindergarten, keiner Schule und an keiner Universität gelehrt, dass dies die größten Irrtümer sind, mit denen die meisten Menschen ein Leben lang herumlaufen.

Ich bin nicht gut genug

Der Gedanke, in seinem ganzen Wesen nicht gut genug zu sein, ist wirklich knebelnd für ganz viele Menschen. In vielen Köpfen schwirrt diese Auffassung von sich selbst täglich herum, mehrmals. Alles, was dir nun einfällt, wie du sein *solltest*, gehört in diese Kategorie.

Warum ist dies so tief in uns verwurzelt? Nun, wir hatten alle Eltern, Erzieher, Lehrer. Und dies über einen sehr langen Zeitraum, in dem wir uns als Kinder absolut nicht wehren konnten. Als Kleinkind gibt es am Anfang noch keinen Grund, irgendetwas anzuzweifeln, was wir gesagt bekommen, was uns vorgelebt wird. Alles gelangt als „richtig" in unsere Birne, unkontrolliert und unreflektiert. Uns wird ständig gesagt, dass wir (fast) alles anders machen sollten, als wir es tun. Das Kind bekommt dabei indirekt immer die gleiche Botschaft: „So wie du jetzt bist, bist du nicht in Ordnung!" Du musst noch viel lernen, dich mächtig anstrengen, anders werden, als du jetzt bist. Heute, als Erwachsener, denkst du das wahrscheinlich immer noch von dir. In jedem Fall dann, wenn du es bis heute nie umentschieden hast.

Kannst du dich schon dem Gedanken öffnen, dass du völlig in Ordnung bist, so wie du eben jetzt bist? Weißt du bereits, dass alle Menschen, die dich mögen, das deshalb tun, weil du eben genau *so* bist? Um dieses Ziel, gut genug zu sein, zu erreichen, sollte man eine ganz konkrete Vorstellung davon haben, was genau alles erfüllt sein muss, damit du es auch fühlen kannst. Stell dir also die Frage: „Woran würdest du es erkennen, dass du jetzt gut genug bist?" Wie müsstest du dann sein? Was genau braucht es noch? Kannst du dir realistisch vorstellen, dass du dieses Ziel jemals erreichen wirst? Hier denkt unser Verstand extrem umfangreich, weil es meist nicht klar definiert ist. Ich behaupte, du bist extrem oft absolut gut genug! Täglich sogar. Nur, nimmst du das wahr? Sagst du dir immer wieder: „Das war jetzt wirklich gut genug!" oder „Das habe ich im Großen und Ganzen super hinbekommen!", „Ich habe es so gut gemacht, wie ich eben konnte!" Du kannst sehr oft einen Grund für solche Aussagen finden, da bin ich sicher. „Ich bin eine gute Köchin", „Ich habe die E-Mail wertschätzend beantwortet", „Ich habe nett gegrüßt/gut eingeparkt/die Schuhe perfekt zugebunden ..." Lass deiner Fantasie freien Lauf, auch wenn dir der Verstand schon wieder davon abrät, weil das komisch bzw. affig ist. Er hat keine Ahnung und du bist der Chef. Schon vergessen?

Wenn du dies einige Male am Tag machst, wirst du die Ernte dafür bald einfahren. Mach es einfach immer wieder, und dein Körpergefühl, dein Selbstwert werden es dir danken. Sehr rasch, sehr leicht, sehr einfach, extrem wohltuend! Ja, ich ermuntere dich hiermit, dich selbst oft zu loben! Die meisten von uns haben gelernt, dies nicht zu tun. Das ist unschick und *man* macht es auch nicht. Schade! „Eigenlob stinkt!" haben auch noch viele in den Ohren. „Eigenlob stimmt!" – wie fühlt sich das an? Toller Nebeneffekt: Wenn du dich selbst öfter lobst, brauchen es die anderen nicht so oft zu machen. Wenn du mit dir, dem, was und wie du es machst, zufrieden bist, im Einklang, können dich auch andere kaum mehr klein machen – was wir in Wirklichkeit ja sowieso immer nur selbst tun! Und betrachten wir das Ganze auch noch rein objektiv: Wann und wie oft täglich bist du für etwas nicht gut genug? Vergleiche diesen Zeitraum einmal mit dem, in dem das nicht der Fall ist. Wie viel Prozent stehen sich in etwa da gegenüber? Aber das Grundgefühl drückt den Zeitraum, in dem du mit dir zufrieden bist, meist nicht aus. Wenn du diese Zeilen hier liest, zeigt das doch deutlich, dass du noch alles in deinem Leben geschafft hast. Du warst also immer gut genug und wirst es auch in Zukunft immer bleiben!

VERTRAUE DEINEM KÖRPER UND HÖRE AUF IHN

Dein Körper hört ständig zu, was sich gedanklich in dir abspielt. Jede Zelle. Und der Körper gibt dir Antwort auf alles, was du tust und was du denkst. Der Brustkorb zieht sich zusammen, fühlt sich eng an, druckvoll. Oder er dehnt sich aus und wird leicht und weit. Unbewusst nehmen wir ihn relativ selten wahr, außer bei Störungen. Sprich, beim Wechsel von angenehm auf unangenehm. Die Frage ist: „Was tust du, wenn du diesen Wechsel bemerkst?" Viele Menschen ignorieren das völlig, tun weiter, als wäre nichts geschehen, betrachten den neuen Zustand als normal, schenken ihm keinerlei Aufmerksamkeit. Beim Druck aus Wut oder Ärger bleiben wir oft in diesem Gefühl hängen, obwohl die auslösende Situation schon lange vorüber ist. Ja, wir starten sie sogar wieder neu, indem wir die erlebte Geschichte weitererzählen. Dann hört dein Körper wieder zu und produziert erneut die Enge in der Brust.

Versuche den nächsten Satz so vorbehaltlos wie möglich zu lesen, lass ihn einfach einmal wirken. Lies ihn vielleicht dann noch einmal und überprüfe ihn so oft wie möglich in deinem Alltag:

„Wann immer du mit deinen Gedanken, Worten oder Taten nicht in der Liebe bist, nicht im Akzeptieren dessen, was gerade ist, macht dir dein Körper Druck bzw. unangenehme Gefühle!"

Wie klingt das für dich? Was macht es mit dir, wenn du diesen Satz liest? Ich weiß, dem Verstand ist das wieder zu einfach und vielleicht rebelliert er auch schon wieder. Viele Teilnehmer meiner Workshops und Vorträge aber, die dieses Angebot ernsthaft angenommen haben, haben mir bestätigt, dass der Körper tatsächlich immer mit Druck und unangenehmen Gefühlen reagiert, wenn sie bei verschiedenen Entscheidungen nicht mit sich im Reinen waren und dies unterdrückten. Seitdem haben sie ernsthaft beschlossen, so oft wie möglich *auf ihren Körper* (manche bezeichnen es auch als *auf ihr Herz*) *zu hören,* und dann bewusst Entscheidungen getroffen. Die meisten waren unglaublich überrascht, wie schnell und leicht dies umsetzbar ist, und haben weiters bestätigt, dass dieses bewusste Entscheiden nach sehr kurzer Zeit wie automatisch funktioniert!

Den Körper, vor allem den Brustbereich, als Alarmglocke wahrzunehmen gehört zu den fantastischsten Möglichkeiten, in ein glückliches und zufriedenes Leben einzusteigen. Genau nach so einem Impuls bewusst ins Hier und Jetzt zu kommen, nimmt fast den ganzen Druck aus deinem Brustbereich. Lass all die Geschichten deines Geschichtenerzählers los, schenke ihnen keine Aufmerksamkeit, sondern beschäftige deinen Verstand. Wahrscheinlich ist ihm schon wieder langweilig und er will von dir beschäftigt werden. Stell ihm wieder Fragen, dann bist du sofort da und bewusst. Du kannst dir lustige Fragen stellen, tiefgreifende, wichtige und unwichtige, egal. Aber beschäftige deinen Geschichtenerzähler.

Dir fallen keine Fragen ein? Ich gebe dir ein paar mit: „Was will mir dieses Gefühl jetzt sagen?", „Was habe ich unmittelbar jetzt gedacht, bevor ich den Druck verspürte?", „Besteht im Moment echte Lebensgefahr?", „Könnte ich in diesem Augenblick auch lachen, wenn ich will?", „Spannend, könnte ich den Druck jetzt sofort verdoppeln?", „Könnte ich nun tun, als wäre ich unbesiegbar?", „Cool, was mein Körper jetzt macht. Spüre ich noch meine Zehen, meine Finger?", „Welcher Witz fällt mir spontan zu dieser Szene jetzt ein?" – Wie gesagt, es ist egal, welche Fragen du dir stellst. Ich weiß, du wirst sehr schnell für dich passende Fragen an dich selbst finden, die dich sehr rasch und mühelos von deinem Druck befreien! Dadurch wirst du wieder eigenverantwortlich und mächtig und – es macht auch Spaß!

Du könntest dich auch fragen: „Was würde die Liebe jetzt tun?", „Wenn ich pure Liebe bin, was würde ich jetzt machen?", „Wie wäre ich jetzt der beste Beitrag für mich und für die anderen?", „Was würde die beste Version von dir machen?"

Sieh dies bitte nur als Hinweise, die du annehmen kannst oder nicht. Ich bin mir bewusst, dass es keine Regeln und keine für alle funktionierenden Rezepte gibt, auch wenn diese immer wieder gewünscht werden. Ich bin kein Arzt, kein Koch, kein Psychiater – sondern Aufmunterer und Aufwecker. Ich vertraue dir, dass du das mit Leichtigkeit hinbekommst, und du solltest dir auch vertrauen! Tu es! Jetzt! Und mach es immer wieder, stressfrei, so oft es dir möglich ist. Verurteile dich nicht, wenn du das Fragenstellen manchmal wieder vergisst, aber bleibe dran und lobe dich dafür, wann immer du es gemacht hast. Dann wird dich auch sehr bald dein Verstand unterstützen und dich selbstständig daran erinnern. Vergiss nicht: Dein Verstand unterstützt dich gerne – wenn du ihn beschäftigst und ihm immer klarmachst, dass du das jetzt in Zukunft stets so halten willst. Er mag klare Anweisungen von dir, damit er sich nicht langweilt. Ich behaupte sogar, dass es ihm viel lieber ist, von dir beschäftigt zu werden, als dir die alten Geschichten immer und immer wieder zu erzählen, dir immer wieder die alten Probleme in Erinnerung zu rufen, nur damit er etwas zu tun bekommt. Vertraue dir und deinem Verstand! Ihr bildet gemeinsam ein großartiges, schöpfendes Wesen! Sag du, wo es langgeht, dann folgt er dir. Das ist viel besser als umgekehrt! Wenn immer du dich bewusst aus der Liebe heraus verhältst und sprichst, bist du das Licht der Welt!

Triff viele
Entscheidungen – bewusst!

Bist du jemand, der gerne und viele Entscheidungen trifft? Oder hast du das Gefühl, dass du nicht viel in deinem Leben entscheidest? Dass du dem Leben eher hinterherläufst und keine Zeit hast, dir richtige Entscheidungen zu überlegen? Dass du mehr gelebt wirst, als zu leben? Wie sieht es bei kleineren Dingen aus? Entscheidest du rasch? Aus welchen Blickwinkeln heraus entscheidest du? Du bist eher genügsam und schließt dich gerne der Meinung anderer an? Triffst du viele Entscheidungen, um es anderen angenehm zu machen? Wie sehr berücksichtigst du deine wahren Wünsche und Bedürfnisse? Wie ist dein Verhalten in der Familie, in der Beziehung, im Beruf, in Gruppen? Gibt es da große Unterschiede? Bist du jemand, der viele Vorschläge macht oder eher abwartet, was andere entscheiden? Mitmacher oder Leader? Nichts davon ist gut oder schlecht, je nachdem, wie du es selbst beurteilst. Dein Herz weiß immer, was gerade gut für dich ist!

Natürlich können wir ein Leben wählen, in dem wir meistens nur reagieren, aber selbst dann treffen wir Entscheidungen, nämlich *wie* wir reagieren, was wir wählen, im Rahmen unserer Möglichkeiten! Im Rahmen deiner Möglichkeiten! Aus meiner Sicht ist es ein sehr wichtiger Punkt für Entscheidungen, die Möglichkeiten, die sich bieten, zu erkennen. Kennst du deine Möglichkeiten?

Hast du eher viele Möglichkeiten? Eher wenige? Fühl mal hin. Wie fühlt sich *viele Möglichkeiten* an? „Ich habe viele Möglichkeiten!" – wie ist es bei *wenige Möglichkeiten*? Wo ist die Brust weiter und leichter? Die Wahrheit über etwas fühlt sich immer leicht an! Das kennst du jetzt schon und du machst es prima! Die Geschichten deines Verstandes kannst du bereits unterscheiden – er wird schon wieder lauter und erzählt dir vielleicht, dass du dir nicht einreden sollst, viele Möglichkeiten zu haben. Nur weil du das bisher vielleicht geglaubt hast, muss das nicht immer so bleiben. Mach ihm das klar! Mach dir deine Wahlfreiheit möglichst oft bewusst. Egal, was du dann entscheidest, allein die bewusst wahrgenommene Wahlfreiheit ist eine Wahrheit und fühlt sich gut an! Ich gebe dir jetzt noch ein paar Fragen mit, die mir immer wieder sehr dabei helfen, Klarheit in meine Entscheidungen zu bekommen, darüber, was, wer, und wie ich sein will. Vielleicht passt ja etwas auch für dich:

Wie würdest du jetzt entscheiden, wenn du keine Angst hättest? Wie würdest du entscheiden, wenn du ganz sicher wärest, dass dich diese Entscheidung glücklich macht? Was würde die Liebe jetzt entscheiden?

Beginne deine bewusste Entscheidungsfindung ruhig im Kleinen. Ich weiß, sich zu einer Entscheidung durchzuringen bedarf immer einer Portion von etwas, das du hast: Mut! Die Belohnung wartet schon auf dich. Triff viele Entscheidungen! Bewusst und aus dem Herzen heraus.

Halte Ordnung in
deinen Schubladen

Stelle dir einmal vor, dass es in deinem Kopf eine
Vielzahl verschiedener Schubladen gibt. Große und
kleine, tiefe und flache, auch begehbare und welche, die
innen noch einmal viele kleinere Laden haben. Diese Laden
befinden sich alle in einer riesigen Bibliothek mit mehreren
Etagen und vielen Räumen. Sie sind variantenreich beschrif-
tet, haben verschiedene Farben und Materialien, einige sind
sogar richtige Kunstwerke.

Lass deiner Fantasie freien Lauf, sei kreativ und gestalte sie nach deiner Vorstellung, und … lies aufmerksam die Beschriftungen und gestalte auch diese nach deinen Möglichkeiten. Da gibt es Laden mit fettgedruckten
Aufschriften, handbeschriftete, besonders wichtige Laden
haben sogar ein Messingschild und sind aus edlem Holz.
Konstruiere einmal ein paar solcher Schubladen und beobachte dabei, wie du bereits eine Vorstellung davon bekommst, was du in welche Lade geben wirst. Richtig! Die
Lade von Brad Pitt ist die allerschönste! Die hat sogar
Innenbeleuchtung mit handgezogenen Kerzen. Natürlich
eher bei den Frauen! Die meisten Männer würden in eine
ähnliche Lade etwas ganz anderes hineingeben.

So ähnlich funktioniert unser Gedächtnis und/oder
infolge unser Unterbewusstsein. Zu jeder dieser Laden
haben wir so etwas wie einen *„ersten Gedanken“*. Einen

sehr aussagekräftigen Gedanken, denn er beschreibt unsere Grundstimmung zu dem Inhalt *und* produziert dementsprechende Gefühle. Ein Skript für die jeweilige Lade gibt es ebenfalls. Da steht ganz genau darauf, was in diese Lade unter welchen Bedingungen hineinkommt. Das klingt komplizierter, als es tatsächlich ist, denn wir machen das mit jeder Beurteilung einer Gegebenheit im Millisekundenbereich. Wir sind quasi „Weltmeister im Schnellspeichern" und tun dies in diversen Bereichen sogar sicherheitshalber sehr oft. Das heißt, wir speichern ein gewisses Ereignis gleichzeitig mehrmals ab – in verschiedenste Laden. Wir speichern es meist überall, wo es nur irgendwie hinpassen könnte, damit wir es jederzeit auch dort verfügbar haben. Tatsächlich wird fast alles katalogisiert und kategorisiert.

Kannst du dir schon vorstellen, wofür das alles wichtig sein könnte? Gehen wir nun gemeinsam ausführlich, in mehreren Varianten, so ein Beispiel durch.

Du bist ein glücklicher Single Mitte dreißig, sitzt in einem Kaffeehaus und liest in deiner Zeitung. Du wartest auf dein Date, eine bezaubernde Frau, die du letztes Wochenende kennengelernt hast. Die Tür geht auf, der dadurch entstehende kalte Luftzug erregt deine Aufmerksamkeit. Du siehst zur Tür und beobachtest, wie eine Frau das Lokal betritt. Was passiert jetzt bei dir? Du checkst alle verfügbaren Informationen: Es ist eine Frau! Passt! Die Spannung in deinem Körper wächst. Größe und Figur? Passt! Haare? Passt! Deine Spannung wächst ins Unerträgliche. Nun siehst du ihr Gesicht – passt nicht! Es ist nicht die Frau, die du erwartest. Deine Aufregung lässt wieder ein wenig nach und deine generelle Aufmerksamkeit für hereinkommende Leute steigt, denn nun müsste sie ja bald kommen. Deine Emotionen produzieren jedenfalls ständig die passenden Gefühle zu deinen momentanen Gedanken. Wenn du froh bist, dass du noch ein wenig Zeit zur Vorbereitung auf das Aufeinandertreffen hast, bekommst du fröhliche „Passen-Gefühle". Wenn du Angst hast, dass deine Traumfrau vielleicht gar nicht mehr kommt, dann bekommst du dementsprechend ängstliche Enttäuschungs-Gefühle.

So verläuft im Großen und Ganzen dein ganzes Leben – zumindest im Wachzustand. Je öfter in deinem Leben etwas *nicht passt*, desto öfter bekommst du schlechte Gefühle „serviert". Es wäre so gesehen also sehr vernünftig, sich die Sachen *passend* zu machen – auch wenn diese Methode bei manchen Menschen umstritten ist. Zum Teil sind dies jedoch Leute, die das *Passendmachen* nicht oder kaum schaffen, oder auch Leute, die die Grundeinstellung zum Passendmachen negativ belegt haben. Mehr ist es nicht! Ein toller Leitsatz beim Passendmachen ist: „Es wird sicher seine Richtigkeit haben, dass es so ist, wie es eben gerade ist! – Auch wenn ich es vielleicht noch nicht erkennen kann!" In weiterer Folge werde ich meine Aufmerksamkeit dafür verwenden, zu prüfen, warum der genau jetzt stattfindende Umstand schon *passen* wird. Dadurch wirst du gefühlsmäßig immer in einem guten Zustand verweilen.

Um auch Bereiche abzudecken, wo es unmöglich erscheint, „Passen-Gefühle" zu produzieren, hast du noch eine tolle Möglichkeit, die sich auch gleich gut anfühlt: „Ich weiß, dass *nicht* immer alles gleich *passen* kann! – *Und* das ist auch okay so!" Es wäre ja viel zu langweilig, wenn immer alles gleich supertoll wäre, oder? Was gefühlsmäßig bei dieser Grundeinstellung so hervorragend ist, ist die Tatsache, dass du immer handlungs- und entscheidungsfähig bleibst! Du erlebst keine Ohnmacht gegenüber deinen Gefühlen, da dir ständig gewahr bleibt, dass *du* entscheiden kannst, wie es dir geht! Jederzeit und überall! Du musst lediglich die Lade wechseln oder umbeschriften, und schon bist du emotional wieder im grünen Bereich!

Stell dir das einfach so vor: Du hast eine Lade, auf der

„Schokolade" steht. Du öffnest sie in der Erwartung, dass Schokolade drin ist. Es sind jedoch Socken drinnen! Was passiert bei dir? Körperlich? Du empfindest einen Widerstand, der dir ein unangenehmes Gefühl bereitet. Wenn du nun das Schild „Schokolade" gegen „Socken" tauscht, die Lade wieder zumachst und nun öffnest: JA! Es sind tatsächlich Socken drin … Passt! Kein Widerstand. Hier ist es noch relativ einfach, aber wie ist es mit „schwierigeren" Dingen. Die Lade „Mein Expartner" zum Beispiel. Wenn ich derzeit keine Beziehung mit ihm lebe, er also zurzeit tatsächlich mein Expartner ist, dann gehört er in diese Lade und kann hier auch keinen Schaden, sprich negative Emotionen, anrichten. Das Skript zur Expartner-Lade beschreibt: Hier ist mein ehemaliger Lebenspartner – zum Beispiel Thomas. Er ist jetzt nicht mehr mein Lebenspartner und sein Leben und die Art, wie er es lebt, gehen mich nichts mehr an. EX! Ist er jedoch in meiner Beurteilung noch in der Partner-Lade, dann wird mich jedes Verhalten, das mich stören würde, wenn er noch mein Partner wäre, stark verletzen. Dein emotionaler Zustand würde sich auch schlagartig verändern, wenn du ihn in die Lade: „Mein-vielleicht-bald-wieder-Partner", falls dies erwünscht scheint, geben würdest. Vollkommen andere Gefühle würden auftauchen und du würdest dich auch anders verhalten. Diese Beschreibung ist auch ein Grund dafür, dass es sich so seltsam anfühlt, wenn jemand aus deiner „Unsympathisch-Lade" plötzlich sehr nett zu dir ist. Denn das passt ja nicht …

Es bedarf lediglich einiger Wiederholungen, damit diese Übung so richtig ins Gefühl hineinrutscht! Du kannst gleich damit beginnen!

Cineplexx-Kopfkino

Kopfkino! Wenn du schon ins Kino gehst, dann suche dir doch den Film aus, den du sehen willst! Du kennst vielleicht diese Großkinos, in denen in mehreren Sälen verschieden Filme gleichzeitig angeboten werden. Wenn du also ins Kino gehst, wirst du normalerweise doch den Film wählen, den du gerne sehen möchtest, den, der dich interessiert. Im Normalfall überlässt du es nicht dem Zufall, in welchen Kinosaal du dich setzt. „Heute gehe ins Kino und ich sehe mir den Film im Saal 3 an!" Kann auch lustig sein, ist jedoch nicht der Normalfall. Oder bist du schon einmal zur Kinokasse gegangen und hast gesagt: „Ein Ticket bitte, egal, für welchen Film, egal, um welche Uhrzeit?" Wozu ich das hier erkläre?

Genauso läuft es ab, wenn du das Denken deinem Verstand überlässt und ihm keine Anweisungen gibst, was er für dich machen soll, woran er dich erinnern soll, worauf er aufmerksam sein soll, wie du dich fühlen willst etc. Wenn du nicht im Hier und Jetzt bist, also genau dort, wo dein Körper gerade ist, und wahrnimmst, was jetzt passiert, spannt dir dein Verstand einfach einen Film ein. Irgendeinen! Eine alte Geschichte von früher oder eine Vorstellung über die Zukunft. Wenn du dir dessen bewusst bist, kannst du natürlich jederzeit den Kinosaal wechseln bzw. den Film austauschen und dir den Film ansehen, den du wirklich willst. So mächtig bist du! Hast du Lust auf Science-Fiction, lass dir einen Film über die Zukunft zeigen. Du entscheidest, ob es ein Horrorszenario wird oder ob alles viel wunderbarer wird, als du es bisher hattest. Das ist doch wirklich spannend. Klar sollte dir dennoch bleiben, dass es *immer nur ein Film ist*, der mit der Realität momentan noch gar nichts zu tun hat! Möchtest du gerne einen Film aus der Vergangenheit ansehen, funktioniert das ebenso. Es kann ein Liebesfilm sein, ein erotischer oder ein Drama. Deine Entscheidung! Triff sie sehr bewusst! Vergiss nie, dass du echt die freie Wahl hast.

Zum Abschluss noch ein Tipp: Das Leben ist immer spannender als Kino oder Fernsehen – wenn du das willst! Je weniger Zeit du im *Kino* verbringst, desto mehr lebst du gerade dein eigenes Leben!

Ungefragt Geschichten Erzählen

Neben dem Hobby, Zeit in den Köpfen anderer zu verbringen, ist das Ungefragt-Geschichtenerzählen Volkssport Nummer 2! Ich treffe jemanden und erzähle ihm einfach Geschichten, die ich gerade loswerden will. Ohne zu fragen, ob der andere das jetzt hören will oder nicht. Einfach drauflosreden. Vielleicht achtest du einmal darauf, wie oft dir das passiert, monatlich, wöchentlich, täglich. Im Prinzip ist das häufig nichts anderes, als würde dein guter Freund zu dir nach Hause kommen, seinen Müllsack bei dir in der Wohnung ausschütten und wieder verschwinden. Wenn du Glück hast, sagt er zum Abschied noch: „Schön, dich als Freund zu haben. Ist immer sehr nett mit dir!" Was würdest du in diesem Fall machen?

Dieser Müll steht bildlich für den geistigen Müll, den Menschen immer wieder ungefragt bei dir abladen. Meine dringende Empfehlung: Halte deinen Geist und deine Gespräche möglichst sauber – du hast ein Recht darauf. Achte natürlich besonders auch auf dich und deine Erzählungen! Das ist einfach nur eine Gewohnheit, jedoch eine mit großen Folgen. Manchmal fragt man jemanden, wie es ihm geht, und schon kommen Geschichten, meist aus der vergangenen Zeit bis zu dem Zeitpunkt, an dem man sich das letzte Mal begegnet ist. Wollte ich das alles jetzt wirklich hören? Nein, ich will wissen, wie es dir *jetzt* geht! Ob dein Auto kaputt ist, deine Mama einen Unfall gehabt hat, dein Mann zu spät nach Hause gekommen ist, deine Kinder nicht artig sind ... – all das wollte ich gar nicht wissen! Wenn dich jemand fragt, was in letzter Zeit in deinem Leben alles passiert ist, kannst du diese Geschichten erzählen. Ich habe mir angewöhnt, selbst da zu fragen, ob du die erfreulichen oder die eher unerfreulichen Geschichten hören willst. Das klingt anfangs für viele seltsam, dennoch findet es guten Anklang und schafft Bewusstsein. Es ist eben nicht *normal,* sondern anders. Wenn dein Gegenüber gleich mit Geschichten losschießt, kann man ebenso höflich darauf hinweisen. „Erzähle mir bitte etwas Erfreuliches von dir! Was hat dir echt Freude gemacht in letzter Zeit?" Einen kurzen verblüfften Blick des Gesprächspartners kann man gut aushalten. Achtsame Kommunikation ist ein großer Liebesdienst! Für dich selbst und deinen Partner.

„ICH SOLLTE" –
„ICH KÖNNTE"

E ine weitere sprachlich sehr kraftvolle Übung ist das
Austauschen von „Ich sollte"- gegen „Ich könnte"-
Sätze. Sollte-Sätze – „Eigentlich sollte ich dann noch
staubsaugen", „Ich sollte mal wieder zum Friseur gehen",
„Ich sollte mehr Sport machen", „Bei den Eltern sollte ich
auch wieder vorbeischauen" – haben eine ganz andere emotionale Wirkung, als wenn ich sage: „Eigentlich *könnte*
ich dann noch staubsaugen", „Ich *könnte* mal wieder zum
Friseur gehen", „Ich *könnte* mehr Sport machen", „Bei den
Eltern *könnte* ich auch wieder vorbeischauen". Fühlst du
das? Viel angenehmer, oder?

Ich finde das immer wieder sehr spannend. Besonders,
wenn ich Teilnehmer meiner Workshops und Vorträge
dabei beobachte, wenn sie diese Übung machen. Echt cool!
Unbeschwertheit stellt sich ein, der Druck des Sollens verschwindet. *Ich könnte* fühlt sich immer als Möglichkeit an,
die ich wählen kann oder eben nicht. Vielleicht habe ich
sogar Spaß dabei. Sätze, die mit *ich sollte* beginnen, impli-
zieren immer einen Beigeschmack der Schwere, des Nicht-
Wollens. Da der Körper ja immer zuhört, was du sagst und
denkst, reagiert er sofort darauf. Dein Herz weiß stets, ob
das zu Tuende für dich stimmig ist oder nicht. Will ich die
Eltern jetzt besuchen? Aus welchen Motiven auch immer ich
wähle, meine Eltern zu besuchen. Wenn ich nur hinfahre,

weil ich das eben jetzt angeblich *sollte,* komme ich schon mit dieser negativen unwilligen Ladung dort an, meist unbewusst. Da ich mich gefühlsmäßig dazu gezwungen fühle, also unfrei in meiner Wahl, empfinde und erlebe ich das auch so.

Wenn dir dein Verstand jetzt wieder Stress macht und sagt: „Ich kann nicht immer nur das tun, was ich auch wirklich will!", so kannst du auch diesen Glaubenssatz gerne anzweifeln. Jedenfalls empfehle ich dir, wenn du schon nicht wirklich willst, dann sei neugierig auf diesen Besuch. Sei offen dafür, was passiert, und mach dir wieder klar, dass du für deine Emotionen verantwortlich bist. Du machst diesen Besuch letztlich für dich! Du willst doch deinen Eltern Freude machen, du willst, dass sie sich denken oder auch sagen: „So eine nette Tochter habe ich! Lieb, dass du wieder vorbeikommst!" – oder? Viele fahren unbewusst deshalb zu Besuch, um sich genau diese Sätze oder dieses Gefühl abzuholen. Sehr egoistisch! Verzeihe meinen leichten Sarkasmus, ich denke jedoch, dass er hier gut angebracht ist und hilft, eigenverantwortlich zu handeln.

Nachwort und Vorschau

Ich möchte mich an dieser Stelle von ganzem Herzen bei dir bedanken, dass du deine kostbare Zeit mit diesem Buch verbracht hast! Danke!

Ich hoffe, ich war nicht allzu anstrengend für dich, habe dir viel Freude gebracht und vielleicht ja auch einige Impulse, dein Leben als „Normalmensch" zumindest ein wenig anzuzweifeln. Wenn ich das erreicht habe, machst du dich, deine Umgebung und auch mich ein ganzes Stück glücklicher!

Ich wünsche dir viel Mut zum Umsetzen und viele Erfahrungen, die dich immer wieder ermutigen, weiter aufzuwachen. Und wenn auch du zu jenen gehören willst, die aufwecken und aufmuntern wollen, verborge oder verschenke dieses Buch, unterhalte dich mit deinen Freunden und Bekannten über einige Themen, beschreibe viel mit eigenen Worten. Denn diese Übung wird besonders dich unterstützen, das Erfahrene besser zu integrieren, da du dir während des Erzählens selber zuhörst und automatisch immer überprüfst, ob das Gesprochene schon deine Wahrheit ist.

Sei liebevoll, geduldig und sanftmütig mit dir selbst, wertschätze jeden Schritt, lobe dich dafür! Entscheide dich für Leichtigkeit, Dankbarkeit, Vertrauen und Selbstliebe, dann funktionieren all deine Handlungen angenehmer. Ich bin bei dir! Auch wenn du dieses Buch weglegst. Stell dir einfach auch öfter die Frage: „Was habe ich da in Manfreds Buch gelesen? Ach ja ..."

Es war toll mit dir. Fantastisch, wie du dich geöffnet hast, wie du in die Themen hineingegangen bist, deine Widerstände ertragen hast, wie du vielleicht auch gelacht hast, kurz: du deine Emotionen und Gefühle gefühlt hast, dein Herz wahrgenommen hast! Ich danke dir!

In tiefer Verbundenheit
Manfred

ANHANG

Danksagung

Ich möchte mich an dieser Stelle bei einigen Menschen bedanken, die mich bisher begleitet haben. Ich mache das nicht, weil *man* das tut, sondern weil es mir so viel Freude bereitet, *Danke* zu sagen!

Ich danke meinen Eltern, Edeltraud und Kurt, die mir durch ihre Liebe das Leben geschenkt haben, und bis heute immer ihr Bestes für mich gegeben haben.

Weiters danke ich Elena, meiner geliebten Tochter, Regina, Claudia, Sabine, Nina, Andreas, Christa, Gerold, Marion, Gerhard, Sylvia, Michaela, Arjuna, Robert, Chuck, Bodo, Veit, Luca, Barbara, Angela, Regina, Wolfgang, Andreas, Markus, Karin, Rudi, Bernhard, Michael, Christiane, Herbert, Peter, Rainer-Maria, meiner Lektorin Verena, die durch ihre wertvollen Kommentare und vielen Fragen dieses Werk bedeutend klarer und verständnisvoller machte, Hermann Stanzel vom „fotoatelier2.at" in Wels, der zu meinen allerersten Fans zählt, mich unterstützt und fördert, mir in meiner finanziell härtesten Zeit durch Gratis-Foto-Shootings und Werbemittelunterstützungen vieles ermöglichte, Brigitte Ehrenhöfler-Pec und Bernhard Aichinger, die mir die ersten „Bühnen" zur Verfügung stellten und mir damit ein großes Sprungbrett bereiteten ...

Sowie allen, die mich bei meiner Arbeit unterstützen, an mich glauben, mir vertrauen und mich auf meinem Weg begleitet und ermutigt haben. Ebenso bedanke ich mich bei allen, die mich noch begleiten und unterstützen werden, denn die meisten davon sind wahrscheinlich jetzt schon auf dieser Welt.

Mein Dank gilt auch meiner gesamten Ahnenreihe, die nach wie vor hinter mir steht, Großmutter Erde, die mich trägt, allen Engeln und Erzengeln sowie allen Energien des Lichts, der Weisheit, der Heilung, des Schutzes ... und ich danke auch mir, dass ich meinen Weg gehe und gelernt habe, mich zu lieben und Vertrauen in mich zu haben! *Danke! Danke! Danke!*

Persönliche Empfehlungen

Hier will ich noch einige Personen, Institutionen, Websites, und Dinge empfehlen, die mich begleitet und unterstützt haben oder die ich einfach genial finde!

Regina Hauser

Liebe Regina,

den wahren Wert unserer Begegnung für mich in diesem Leben kann ich hier nicht in Worte fassen, ich kann ihn jedoch immer wieder fühlen! Die Faszination deiner Person, deiner Liebe, deiner Präsenz, deiner Klarheit, deiner Arbeit mit Menschen, wie sehr du bedingungslos deinem Herzen folgst, ist unvergleichbar mit allem bisher dagewesenen. Du bist ein Geschenk – nicht nur für die „Frauen und das Weibliche" dieser Welt!

In ewiger Dankbarkeit und Verbundenheit

Walking In Your Shoes

Diese neue Methode kam aus Los Angeles über Berlin nach Österreich und entwickelte sich aus dem Theater. Ursprünglich ging man wortwörtlich in die Rolle, bald erkannten die Beteiligten aber, dass auch echte Personen und Umstände gewalkt werden können. So entwickelten der Schauspieler Joseph Culp und der Psychologe John Cogswell das WALKING IN YOUR SHOES. Danke!

Als Klient wählst du einen Stellvertreter für eine Person, einen Umstand oder ein Problem. Dieser Stellvertreter geht wortwörtlich das gestellte Thema, er kann Erstaunliches berichten. Es werden bisher unsichtbare Dinge, Bedürfnisse und Hintergründe sichtbar gemacht. Diese Erkenntnisse zeigen das Nichtausgesprochene, das Geheime – die Essenz.

Walking In Your Shoes kann dir neue Zugänge und Einblicke in die bislang verborgenen Hintergründe und Motivationen deines Handelns verschaffen. Lang gehegte Sorgen und Probleme werden oft um vieles leichter.

Walking In Your Shoes kann zu Klarheit und innerer Ruhe verhelfen.

Großer Geist, bewahre mich davor, über einen Menschen zu urteilen, ehe ich nicht eine Meile in seinen Mokassins gegangen bin. (*Indianische Weisheit*)

wiys@me.com

www.walkinginyourshoes.at

Claudia Funke

Liebe Claudia,

deine „WALKS" haben meine wahre Berufung und mein Buch „auftauchen" lassen und immer begleitet und werden es weiter tun. Danke und Umarmung!

Hermann Stanzel

das Coverfoto ist von meinem lieben Freund und Förderer Hermann Stanzel
Foto-Atelier 2 Ges.m.b.H.
Eferdinger Straße 69
4600 Wels
office@fotoatelier2.at

Gerhard Birsak

ist der Gründer der Abendakademie-Linz und ein besonderer Freund. Durch sein unermüdliches Engagement, Menschen zu unterstützen, sein Vertrauen in meine Arbeit, hat er mir hier eine Plattform zur Verfügung gestellt, ohne die ich heute meine jetzige Position nicht hätte – *danke* und weiterhin viel Erfolg!
info@abendakademie-linz.at
www.abendakademie-linz.at

ABEND
AKADEMIE
LINZ.

Marion und Gerold Guger

Die sagenhaft positive Energie dieser Menschen und dieses wunderbaren Hauses hat mir immer wieder viel Kraft gegeben. Hier durfte ich Selbstliebe, Vertrauen und Lebensfreude lernen – *danke!* Ein unvergleichlicher Ort der Begegnung, der Liebe und der Dankbarkeit!

Seminarhaus Guger

Mitter St. Thomas 19
4364 St. Thomas am Blasenstein
info@seminarhaus-guger.at
www.seminarhaus-guger.at

Christa Gugler

Lebensbegleiterin seit über 30 Jahren! *Danke!* Sie zählt für mich zu den ganz mutigen, entschlossenen Frauen, die eine sehr starke Entwicklung gewählt hat. Ihr Mut zur Selbstständigkeit, ihrem Herz zu folgen, ließ sie in Eigenregie ein Buch schreiben, das mittlerweile ein Bestseller ist: „Gesichtsmuskeltraining – die natürliche Lifting-Revolution" (ISBN 978–3–200–02296–6) – sehr empfehlenswert! Weiters machte Christa eine tolle Erfindung, mit

höchstem finanziellem Risiko, die ich allen Lesern, die etwas in ihrem Leben verändern wollen, ans Herz legen möchte (Beschreibung siehe unten). Mir hat dieses Erinnerungsteil beim Integrieren immer sehr geholfen und tut es bis heute! Durch den zarten Impuls dieses schmucken Armbands wurde ich in meinem Leben immer bewusster und bewusster … Danke dafür, für die gemeinsame Praxis in Linz und für deine Unterstützung und dein offenes Ohr für alle Belange!
office@visageforme.at
www.visageforme.at
www.awake-denkandich.com

visage*formé*®

„AWAKE – denk an dich" – Das erste Designer-Armband mit einer Erinnerungsfunktion – „bewusst nur an sich zu denken!"

„AWAKE – denk an dich" erinnert dich in regelmäßigen Abständen durch einen sanften und lautlosen Vibrationsimpuls, bewusst auf deine Gedanken, Worte, Gefühle und Gewohnheiten zu achten. Positive Gedanken und Worte, gute Gefühle und Gewohnheiten haben eine unglaubliche Kraft und großen Einfluss und gestalten letztendlich unser Leben. „AWAKE – denk an dich" gibt es in verschiedenen Farben und Designs, kann auch als Halsband oder auch am Clip getragen werden; und du kannst zwischen 9 verschiedenen Erinnerungsintervallen wählen.

„AWAKE – denk an dich" hat viele Einsatzmöglichkeiten, lasse deiner Fantasie freien Lauf …

- Gedanken und Gefühle bewusst positiv lenken
- Denk-Verhaltensmuster oder Gewohnheiten ändern
- eine aufrechte Haltung einnehmen oder an tiefe Atemzüge erinnern
- Durchhalten bei Vorsätzen: abnehmen, Krempel weg- werfen ...
- deine persönlichen Ziele und Absichten erreichen
- auf die Gesundheit, Fitness und Ernährung achten
- regelmäßig, über den Tag verteilt, genug Wasser trinken
- einfach eine kleine Pause einlegen und etwas nur für sich tun

„AWAKE – denk an dich" hat auch Nebenwirkungen!
Dein Leben wird sich verändern!

Es erhöht die Wahrscheinlichkeit, dass du glückli- cher, gelassener, gesünder, selbstbewusster wirst, mit mehr Lebensfreude herumläufst, erfülltere Beziehungen hast ... um ein Vielfaches!

Bestelle dir hier dein Glücksarmband und du bekommst ein Wechselarmband in der Farbe deiner Wahl im Wert von EUR 14,90 gratis mitgeliefert:
Gutscheincode: mr-glueck-a62574

Führe folgende Schritte aus:
1. Besuche auf www.awake-denkandich.com unseren Shop.
2. Bestelle dein „AWAKE-denk an dich"-Wunscharmband.
3. Trage den Gutscheincode in das dafür vorhergesehene Feld ein.
4. Im Feld Bemerkungen teile uns mit, in welcher Farbe wir dir dein Gratis-Wechselarmband mitsenden sollen.
   Wichtig: Achte darauf, dass du deinen Farbwunsch nur im Feld „Bemerkungen" mitteilst.
5. Bestellung absenden.

Besuche unsere Website:
www.awake-denkandich.com

Und nun noch mein Dank an alle Lokalbesitzer, bei denen ich viel schreiben durfte und das Ambiente vorfand, das mir das Manifestieren meiner Gedanken ermöglichte: Pianino-Bar-Bistro, Diego's Vinothek, Die Donauwirtinnen, Ganara's Cafe Sternhagel, Hotel am Domplatz, Entremundo ... mein geliebtes Mühlviertel und zahlreiche wunderbare Plätze in Oberösterreich!
   Danke!

Mehr Infos über mich und meine Arbeit findest du unter:
info@rauchensteiner.at
www.rauchensteiner.at